Falk Wieland

TAUCHREISEFÜHRER MALEDIVEN

Asang-Soergel / Göbel

TAUCHREISEFÜHRER
MALEDIVEN
NORD-MALE-ATOLL/SÜD-MALE-ATOLL/ARI-ATOLL

Delius Klasing
EDITION NAGLSCHMID

Die Deutsche Bibliothek - CIP-Einheitsaufnahme

Asang-Soergel, Rosemarie:
Tauchreiseführer Malediven : Nord-Male-Atoll, Süd-Male-Atoll, Ari-Atoll /
Rosemarie Asang-Soergel ; Holger Göbel. - Bielefeld : Delius Klasing ;
Stuttgart : Ed. Naglschmid, 2002
(Tauchreiseführer; 32)
ISBN 3-89594-082-8

ISBN 3-89594-082-8

Copyright 2002 by Verlag Stephanie Naglschmid, Stuttgart
Herausgeber: Dr. Friedrich Naglschmid, MTi-Press, Stuttgart

Titelfoto: Holger Göbel / MTi-Press, Stuttgart
Fotos:Holger Göbel / MTi-Press, Stuttgart, außer S. 23 u. S. 49: Rosemarie Asang-Soergel / MTi-Press,
Stuttgart
Umschlaggestaltung: Buchholz / Hinsch / Hensinger, Hamburg
Gesamtherstellung: Koeblin-Fortuna-Druck GmbH & Co. KG, Baden-Baden
Printed in Germany 2002

Dieses Buch wurde auf umweltschonendem, chlorfrei gebleichtem Papier gedruckt.

Vertrieb: Delius Klasing Verlag, Siekerwall 21, D-33602 Bielefeld
Tel.: 05 21/5 59-0; Fax: 05 21/5 59-1 13
E-Mail: info@delius-klasing.de
www.delius-klasing.de

Inhalt

Vorwort

In der unendlichen Weite des Indischen Ozeans wirken die türkisblauen Lagunen und saftig grünen Inseln mit ihren weißen Sandstränden wie kostbare Perlen. Der Blick beim Landeanflug auf Male legt den Vergleich mit dem Garten Eden nahe. Seit Hans Hass 1957 die üppige Über- und Unterwasserflora und -fauna filmte, zählen die Malediven zu den Traumzielen des blauen Planeten. Jahr für Jahr kommen TaucherInnen aus aller Welt hierher, um neben den ortstreuen Adlerrochen und Riffhaien den Nomaden der Meere zu begegnen. Einen Manta majestätisch vorüberziehen zu sehen oder einen Walhai einige Flossenschläge lang auf seinem Weg zu begleiten zählt für die meisten zu einem unvergesslichen Erlebnis.

Dabei haben die 1190 Inseln weit mehr zu bieten als ein Paradies, wie es im Bilderbuch steht. Sieht man von der kurzen portugiesischen Herrschaft und dem britischen Protektorat einmal ab, ist das Archipel seit über 2500 Jahren ein unabhängiger Staat. Die Inseln waren auf den weiten Handelsrouten stets ein Anlaufpunkt für Abenteuerlustige, Händler und Reisende. Der Kontakt zu Menschen aus entfernten Regionen wie Afrika, Arabien und China bildete den Ursprung für einen toleranten Umgang mit anderen Kulturen und Rassen. Eine gemeinsame Sprache und Religion sind das Fundament für den offenen und freundlichen Umgang mit Besuchern. Trotz des Stolzes auf ihre Tradition steht die kleine Nation neuen Entwicklungen offen gegenüber. Das hohe Bildungsniveau trägt ein Übriges dazu bei. Über 98% der Insulaner haben eine Schulausbildung absolviert, und für die meisten ist die Beherrschung der englischen Sprache inzwischen eine Selbstverständlichkeit. Die tolerante, zurückhaltende und freundliche Art der Malediver ist eines der Geheimnisse dieser einmaligen Inselwelt.

Diese Tatsachen können allerdings nicht über die erheblichen Probleme der Unterwasserwelt hinwegtäuschen. Nicht nur das Coral Bleaching hat erhebliche Schäden an den einmaligen Riffen hinterlassen. Auch der zunehmende Tourismus und die damit verbundene Ver- und Entsorgungsproblematik trägt zur Bedrohung des sensiblen Ökosystems bei. Auch wenn sich die Riffe langsam von den Schäden, die durch den El Niño entstanden sind, erholen, liegt es jetzt am Verhalten der Gastgeber und Besucher, die Unterwasserwelt vor weiteren Schäden zu bewahren.

Dieser Tauchreiseführer begleitet Sie zu einer Reihe von Tauchplätzen im Nord- und Süd-Male- sowie im Ari-Atoll. Beschreibungen und Karten der Tauchplätze ermöglichen eine individuelle Tauchgangsplanung und -gestaltung. Das Buch möchte dem Leser eine einzigartige Unterwasserwelt näher bringen in der Hoffnung, dass er dieses Erbe schützen möge. Neben einem sanften Tourismus wird es nur dann gelingen den Garten Eden zu bewahren, wenn seine Besucher die Einmaligkeit dieses Paradieses erfahren haben.

Dipl.-Biol. Rosemarie Asang-Soergel
Dr. Holger Göbel

Die üppigen Riffwände ziehen Taucher aus aller Welt an.

Kleine Landeskunde

Geografie
Die Republik der Malediven ist ein Inselstaat im Indischen Ozean, der 750 km südwestlich von Sri Lanka liegt. Die Eilande befinden sich auf 73° östlicher Länge und erstrecken sich von etwa 7° Nord bis 1° Süd. Insgesamt gibt es etwa 1190 Inseln, die 26 Atolle bilden. Sie sind in 19 Verwaltungsbezirke und die Hauptstadt Male zusammengefasst. Die Malediven erstrecken sich 850 km von Norden nach Süden und messen an ihrer breitesten Stelle in Ost-West-Richtung 130 km. Obwohl dies eine Fläche von annähernd 90 000 km² ausmacht, ist nur ein kleiner Teil besiedelt, denn die Landfläche umfasst nur 298 km². Von den zahlreichen Inseln sind gerade einmal 200 bewohnt, 89 von ihnen sind Touristen-Ressorts. Die Einwohnerzahl beträgt 270 000 Menschen.

Klima
Aufgrund der Nähe zum Äquator ist das Wetter tropisch und damit sehr ausgeglichen. Es gibt das ganze Jahr über kaum Temperaturunterschiede. Die mittleren Tageshöchsttemperaturen liegen bei 33 °C, mittlere Tagestiefsttemperaturen bei 24 °C. Die Durchschnittstemperatur über das Jahr beträgt 28 °C, wobei sie in der Nacht kaum abnimmt. Die Luftfeuchtigkeit liegt das ganze Jahr über bei etwa 80%, die mittlere Wassertemperatur bei 27 °C bis 29 °C (in den Lagunen auch mehr). Trotz der hohen Luftfeuchtigkeit empfindet man das Wetter selten als schwül, da meist ein angenehmer Wind weht. Das Klima wird vom Monsun geprägt. Im Indischen Ozean wechselt der Wind zweimal im Jahr seine Richtung. Von etwa April bis Dezember herrscht der Südwest-Monsun. Die vorherrschende Windrichtung kommt dann aus Südwesten und bringt Stürme und Regen mit sich. Etwa Mitte Dezember beginnt der trockenere Nordost-Monsun. Es regnet seltener und das Meer ist ruhiger. Die Sichtweiten unter Wasser sind während des Nordost-Monsuns am besten, v.a. während der ersten 3 Monate im Jahr. Trotzdem, eine Garantie für gutes Wetter, ruhige See oder hervorragende Sichtweiten gibt es nicht. Gerade um die Weihnachtszeit, während der die Inseln ausgebucht sind, hat es schon oft geregnet.

Geschichte
Die Geschichte der Malediven lässt sich bis ins 5./4. Jahrhundert v. Chr. zurückverfolgen. Zu dieser Zeit scheinen die Malediven ein kultureller Austauschplatz zwischen Afrika und Vorderasien sowie Indien gewesen zu sein. Im 5. Jh. v. Chr. werden die Malediven von Sri Lanka und Südindien aus besiedelt und kommen auf diese Weise unter buddhistischen Einfluss. Erst im 12.Jh. (1153 n. Chr.)

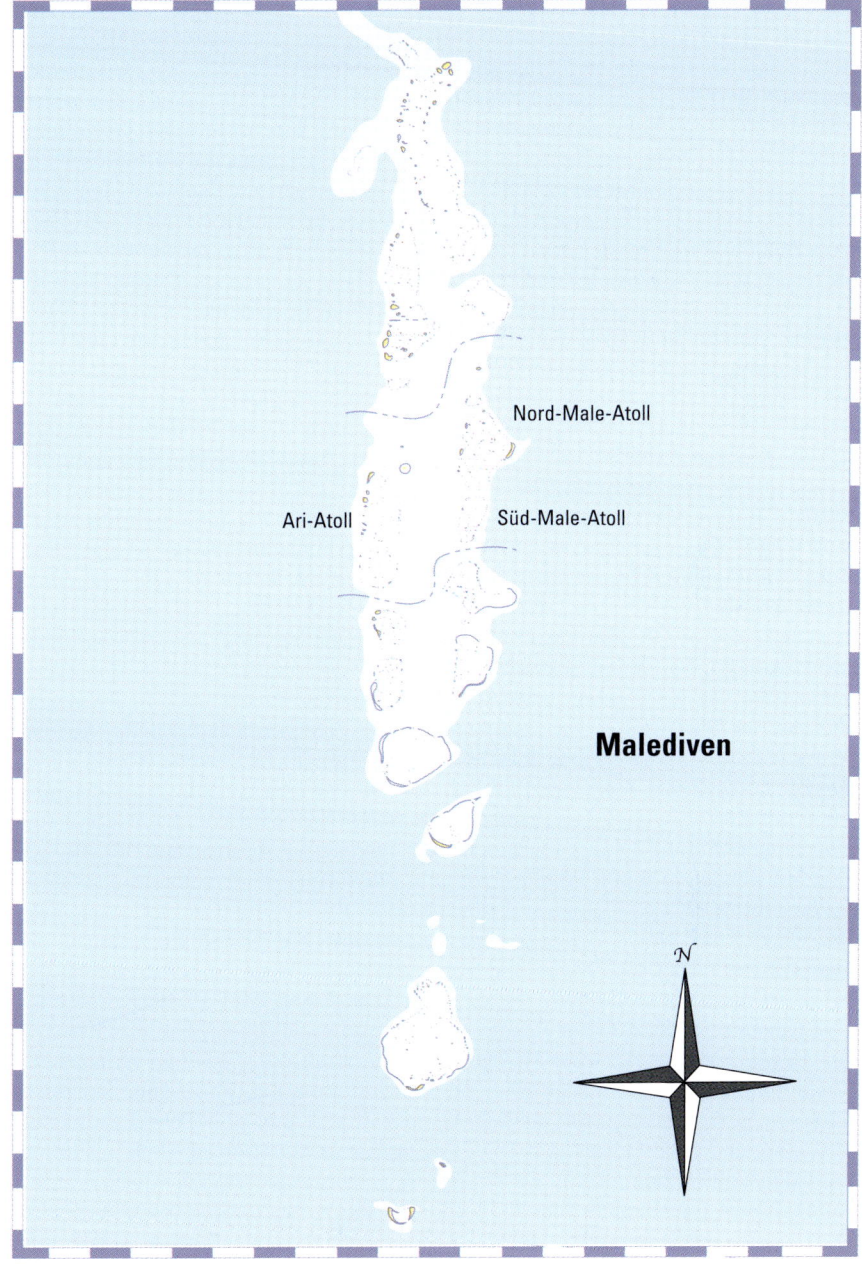

Nord-Male-Atoll

Ari-Atoll   Süd-Male-Atoll

Malediven

N

führten die Araber den Islam auf den Inseln ein, doch es vergingen fast 60 Jahre, ehe die Islamisierung abgeschlossen war. Eine wichtige Gestalt in der Geschichte der Malediven ist der berühmte arabische Reisende Ibn Battuta, der 1344 auf die Malediven kam. Er machte während seines 10 Monate dauernden Aufenthaltes detaillierte Aufzeichnungen über diese Inselwelt, deren Bewohner, Gebräuche, Religion und Regierungsform. Im 16. Jh. kamen die Portugiesen auf die Malediven und richteten in Male einen Handelsposten ein. Doch die Malediver kämpften gegen die Kolonialmacht und konnten sie zunächst vertreiben. 1558 eroberten die Portugiesen erneut Male, bis sie 1573 endgültig vertrieben wurden. Sie versuchten zwar noch mehrfach, die Malediven zu erobern, wurden aber im 17. Jh. von den Holländern verdrängt. Das maledivische Sultanat nahm 1645 Kontakt mit dem holländischen Gouverneur in Sri Lanka auf und schickte Geschenke. Daraus entwickelte sich ein Tributverhältnis, das viele Jahrzehnte andauerte. 1887 wurde ein Protektoratsvertrag mit England geschlossen, der ebenfalls zu einem Tributverhältnis führte. Am 26.7.1965 wurde dieser Protektoratsvertrag aufgehoben und das maledivische Sultanat in die Unabhängigkeit entlassen. Im gleichen Jahr erfolgte die Aufnahme als unabhängiger Staat in die Vereinten Nationen. 1968 wurden die Malediven eine Republik unter Präsident Ibrahim Nasir, dem nach 2 Amtsperioden im Jahre 1978 Maumoon Abdul Gaymoon folgt. 1988 wurde ein Umsturzversuch ausländischer Söldner mit Hilfe indischer Soldaten niedergeschlagen.

Die Verfassung der Republik der Malediven von 1968 ist eine Präsidialdemokratie. Der Präsident ist zugleich Staatsoberhaupt und Regierungschef. Er wird in allgemeinen Wahlen für 5 Jahre gewählt. Die Verwaltung gliedert sich in 3 Ebenen. Die unterste besteht aus den Inselverwaltungen. Der Inselchef arbeitet mit ein oder zwei Abgeordneten und dem Inselrat zusammen. Die zweite Ebene bildet die Atollverwaltung. Jeder der 20 Distrikte wird von einem Atollchef und seinen Abgeordneten verwaltet. Die dritte und oberste Ebene wird von der Volksvertretung eingenommen. Dieses Parlament, die Legislative, besteht aus 48 Mitgliedern. 40 werden in freien Wahlen ermittelt, die übrigen 8 werden vom Präsidenten bestimmt.

Das Wappen der Malediven zeigt eine Kokospalme, auf deren Palmenstamm die Symbole des Islam, Halbmond und Stern, abgebildet sind. Zu beiden Seiten der Palme ist die Nationalflagge zu sehen. Das Schriftband am Fuß der Palme trägt die Staatsbezeichnung in der Landessprache.

Die Bevölkerung bildet eine Mischung aus arabisch-indischer und malaiischer Abstammung. Der sunnitische Islam ist Staatsreligion, der die gesamte Bevölkerung angehört. Sie prägt das soziale, wirtschaftliche und politische Leben. Die Muslime verrichten fünfmal am Tag das Glaubensbekenntnis zu Allah, fasten im Ramadan und sollten zumindest einmal im Leben eine Wallfahrt nach Mekka unternehmen. Es ist jedem Muslim verboten, Alkohol zu trinken beziehungsweise Schweinefleisch zu essen. Außerdem ist das Glücksspiel untersagt. Von diesen religiösen Bräuchen bemerken die Touristen wenig. Jedoch sollten die Gebräuche und Landessitten entsprechend respektiert werden. So ist übermäßiger Alkoholgenuss unangebracht. Alkohol ist zudem nur in den Touristenressorts zu bekommen. Hinsichtlich der Kleidung sollte man auch auf den Touristeninseln nicht vergessen, dass die Malediven ein islamischer Staat sind. Nacktbaden oder »obenohne« ist verboten, allzu knappe Bikinis sind ebenfalls keine angebrachte Badebekleidung. Für einen Besuch auf einer Einheimischeninsel oder in Male sollte man bedenken, dass Schulter und Knie bedeckt sind. Ein längeres Kleid, eine Bluse oder Hemd und eine lange Hose wären eine passende Kleidung.

Sprache
Die Landessprache der Malediven ist Divehi. Es gibt verschiedene Dialekte, die zum Teil so große Unterschiede aufweisen, dass sich die Menschen der weit auseinander liegenden Atolle kaum verständigen können. Da in den Schulen neben Divehi und Englisch auch Arabisch gelehrt wird, sprechen die jüngeren Malediver in der Regel auch Englisch. Eine Schriftform entstand erst im 18. Jahrhundert. Die als Thaana bezeichnete Schrift ist landesweit einheitlich und wird von rechts nach links gelesen und geschrieben. Das Schriftbild erinnert eher an ein skurriles Graffiti als an Buchstaben. Für eine einfache Verständigung und einen »SmallTalk« ist sie allerdings nicht erforderlich. Die Erfahrung zeigt, dass ein paar Brokken Divehi bei den Gastgebern Freude und Anerkennung hervorrufen und so zu einem gelungenen Urlaub beitragen. Das folgende »Lexikon« wurde so ausgewählt, dass ein kleiner Wortwechsel an der Bar oder mit dem Zimmerjungen möglich ist. Bei der Aussprache werden Doppelkonsonanten betont ausgesprochen und sind zum Teil mit (') gekennzeichnet; ee wird wie ein i gesprochen.

Zahlen

Eins	ekeh	Sieben	hatheh
Zwei	dheiy	Acht	asheh
Drei	thineh	Neun	nuvaeh
Vier	hathareh	Zehn	dihaeh
Fünf	faheh	Zwanzig	vihi
Sechs	haeh	Fünfzig	fansaas
		Hundert	satheyka

Fragen

Wie	kihineh
Was	kon ehcheh
Wann	kon iraku
Wo	kon thaaku
Wer	kaaku
Warum	keevve
Wie viel	kihaa vareh

Abendstimmung im Ari Atoll.

Die Strandbar von Vilamendhoo.

Außenriffkante des Süd-Male-Atoll.

Einsame Strände und kristallklares Wasser sind für viele Sinnbild der Malediven.

Was denkst Du	kaleah heevanee kihine
Was ist los	kihine vee
Wer spricht	kaaku vaahaka dhakkanee
Wer ist das	e ee kaaku
Wie geht es Dir	haalu kihine
Wie ist Dein Name	kaleyge namakee kobaa
Wie der Name von diesem Riff	mi farah kiyanee kon nameh
Wo kann ich ein Taxi bekommen	aharennah taxi eh libeynee kon thanakun

Begrüßung, Höflichkeit

Wie geht es	kaley ge haalu kihine
Guten Morgen	baajja veri hendhune
Guten Abend	veri haveere
Auf Wiedersehen	vakivelanee
Danke	shukuriyyaa
Selbstverständlich	yaqeen
Entschuldigen Sie	ahannah maafu kurey

Zeit

Stunde	gadi
Tag	dhuvas
Woche	hafthaa
Monat	matheh
Jahr	ahareh
Mittag	mendhuru
Nachmittag	mendhuru fas
Früher Abend	iraakolhu
Nacht	reygandu
Jetzt	mihaaru
Heute	miadhu
Morgen	maadhan
Gestern	iyye
Montag	hoama
Dienstag	angaara
Mittwoch	budha
Donnerstag	buraasfathi
Freitag	hukuru
Samstag	honihiru
Sonntag	aadeet'tha

Rechts: Bereits beim Schnorcheln lässt sich die phantastische Unterwasserwelt entdecken.

Essen und Trinken

Banane	dhon keyo
Kokosnuss (unreif)	kurumba
Kokosnuss (reif)	kaashi
Obst	meyvaa
Mango	anbu
Wassermelone	karaa
Papaya	falhoa
Kohl	bondi kopee
Chilli	mirus
Gurke	bodu kekuri
Zwiebel	fiyaa
Pfeffer	aseymirus
Kürbis	baraboa
Kartoffel	aluvi
Curry	riha
Ei	bis
Fisch	mas
Honig	maamui
Milch	kiru
Öl	theyo
Zucker	hakuru
Tee	sai
Wasser	fen
Gemüse	tharukaaree

Male

Die Hauptstadt der Malediven ist eine Insel, die aufgrund der hohen Bevölke-
rungsdichte aus den Nähten zu platzen scheint. Wer Male kennen lernen möchte,
sollte etwas Zeit mitbringen. Von offizieller Seite umfasst Male die Insel selbst,
den internationalen Flughafen Hulule und die kleine Insel Villingili. Über 70 000
Menschen, das ist etwa ein Viertel der Gesamtbevölkerung der Malediven, leben
auf der 2 Quadratkilometer großen Insel. Mehrstöckige Häuser, Autos, Motorrä-
der, Fahrräder und rege Betriebsamkeit während der Geschäftszeiten prägen das
Bild. Trotzdem vermittelt Male mit seinen Grünanlagen auch ein wenig von dem
Charme, den andere Malediven-Inseln ausstrahlen. Sehenswert sind die Freitagsmoschee mit ihrem schon von weitem sichtbaren Minarett und der Präsidentenpalast. Der Sultanspark lädt zu einem beschaulichen Spaziergang ein. Fast alle
Dhonis legen am Marine Drive, einer lang gezogenen Straße im Norden der Insel,
an.
Interessant sind auch der Fischmarkt und der Gemüsemarkt, wo stets geschäfti-
ges Treiben herrscht. Blauflossen-Thunfisch, Gelbflossen-Thunfisch und Skipjak
machen den Hauptanteil am Fischfang aus. Ein Teil des Thunfischfanges wird
getrocknet und als »Maldive fish« exportiert. Auf dem Gemüsemarkt beeindruckt
die große Vielfalt an exotischen Früchten und Gewürzen. In diesem Teil von Male
gibt es unzählige kleine Geschäfte, in denen nahezu alles zu kaufen ist. Alltägli-
che Gebrauchsgegenstände, Angel- und Schiffszubehör, Einrichtungsgegenstän-
de, Sanitäranlagen und vieles mehr zählen zu den Auslagen. Vom Marine Drive
aus sind die unzähligen Souvenir-Geschäfte nicht weit. Die zahlreichen Restaurants werden vor allem von Touristen genutzt. Allerdings ist der Ausschank von
alkoholischen Getränken gänzlich untersagt. Bekannt ist die Eisdiele »Seagull«,
die sich Eisliebhaber nicht entgehen lassen sollten. Am angenehmsten ist ein Stadt-
bummel in den Abendstunden, wenn es nicht mehr so heiß ist. Ein Nachtleben
gibt es nicht in Male. Die Einheimischen gehen ihren Geschäften nach, die Touristen schlendern durch die Straßen.

Reiseplanung

Reisezeit

Unweit des Äquators gelegen weisen die Malediven nahezu das ganze Jahr die gleiche Temperatur auf. Das Wetter wird im Wesentlichen durch den Nordost- und den Südwest-Monsun geprägt. Die starke Abkühlung des indischen Subkontinents ist ausschlaggebend für den Nordost-Monsun. Die abgekühlte, relativ trockene Luft strömt ab Ende Dezember nach Süden und wird durch die Erdrotation nach Westen abgelenkt. Mit angenehmen Temperaturen und wenig Niederschlägen bestimmt der Nordost-Monsun die Zeit zwischen Dezember und Ende April. So verwundert es nicht, dass die Hauptsaison in den Wintermonaten liegt. Zu Beginn des Monats Mai ändert sich die Wetterlage. Die Landmassen erwärmen sich jetzt. In den Sommermonaten saugt der trockene indische Kontinent die feuchten und kühleren Luftmassen des Ozeans an. Die Luft nimmt die Meeresfeuchtigkeit auf und bildet riesige Wolkenberge, die in kübelartigen Regengüssen niedergehen. Die wechselnden Winde sowie die feuchte Wärme können zwischen Mai und August zu einer erheblichen körperlichen Belastung führen.

Kleidung

Bei den gleichmäßigen Temperaturen von 28 °C mit einer jahreszeitlichen Schwankung von ±2 °C ist luftige Kleidung erforderlich. Weniger ist besser als mehr. Auf den meisten Inseln kann man übrigens schmutzige Kleidungsstücke waschen lassen, wobei Unterwäsche aus Rücksicht auf das Personal nicht in die Wäscherei gegeben werden sollte. Bis auf wenige Ausnahmen reicht sportliche Freizeitkleidung. T-Shirts, Bermudas, Polo-Hemden und ein Paar Sandalen reichen vollkommen aus. So verbleibt in der Tauchtasche genügend Stauraum für andere Dinge. Auf einigen Inseln sind die Restaurantbereiche nahezu tiefgekühlt. Für diesen Fall empfiehlt es sich, einen dünnen Pullover oder eine Strickjacke mitzunehmen. Eine Regenjacke leistet bei den heftigen Regengüssen einen guten Schutz. Auf dem Hinflug sollten eine kurze Hose und ein dünnes Hemd im Handgepäck mitgeführt werden. Der Temperaturumschwung und das feuchte Klima lassen sich so besser verkraften. Planen Sie eine Einheimischeninsel zu besuchen oder einen Einkaufsbummel in Male zu unternehmen, sollte berücksichtigt werden, dass die Malediven ein islamischer Staat sind. Frauen sollten keine Shorts oder offenherzige Blusen bzw. T-Shirts tragen. Ein langes leichtes Kleid oder Bluse, Hemd und lange Hosen wären empfehlenswert, damit Schulter und Knie bedeckt sind. Auf den Inseln können Sie im Allgemeinen auf Schuhe verzichten. Ach ja, im Tauchanzug ins Restaurant oder in die Bar zu gehen sorgt für Aufregung und wird nicht gerne gesehen.

Die einst schmale Landebahn von Hulule wird inzwischen von Flugzeugen jeder Größe angeflogen.

Male: Hauptstadt des Reichs der tausend Inseln.

Die meisten Ressorts fügen sich wie hier auf Eriyadu harmonisch in die Vegetation ein.

Tropische Blüten bestechen durch ihre Farben und Düfte.

Sonnenschutz

Unweit des Äquators scheint die Sonne sehr intensiv. Auch bei Bewölkung kommt es zu einem relativ hohen Einfall von UV-Licht. Verstärkt wird dies durch die Reflektion auf der Wasseroberfläche. Der eventuell vorhandene Wind macht die Temperaturen erträglich und führt schnell zu einer Unterschätzung der intensiven Strahlung. Ein ausgeprägter Sonnenbrand kann, von den Langzeitschäden einmal abgesehen, zum Ende eines Tauchurlaubs führen. Zur Prophylaxe sollte aus diesem Grund zu jeder Jahreszeit luftige, vor Sonne schützende Kleidung getragen werden. Eine entsprechende Kopfbedeckung verhindert einen Sonnenstich. Fehlen dürfen natürlich weder eine Sonnenbrille noch Sonnenschutzmittel mit einem entsprechend hohen Lichtschutzfaktor. Auf einen ausreichenden Schutz ist auch im Schatten und beim Schnorcheln zu achten.

Seekrankheit

Die Störung des Gleichgewichtsorgans kann zur erheblichen Einschränkung einer Tauchausfahrt, wenn nicht sogar zum Abbruch führen. In Abhängigkeit von den Witterungsbedingungen sind in individuellen Abstufungen hiervon 80–90 % aller Menschen betroffen. Die Liste der Ratschläge zur Bekämpfung der Seekrankheit ist lang, und zumeist wissen es alle besser als die Betroffenen selbst. Eine gewisse Adaptation ist sicherlich möglich, nur nützt sie nichts, wenn sie am Ende der Bootsfahrt eintritt. Unter dem Motto »Dope is Hope« greift eine Vielzahl von Menschen zu Medikamenten. Die meisten dieser Wundermittel führen jedoch als Nebenwirkung zu einer mehr oder weniger starken Müdigkeit und somit zu einer eingeschränkten Tauchtauglichkeit. Nebenwirkungsfrei sind lediglich Vitamin-B6-Präparate, die allerdings nicht so wirksam sind.

Trockenheit und Durst

Die extrem warme und schwüle Luft führt über die Atmung und das Schwitzen zu einem erheblichen Flüssigkeitsverlust. Das vom Körper durch die Haut ausgeschiedene Wasser verdunstet augenblicklich, so dass sich der zur Kühlung des Körpers gebildete feuchte Schweiß auf der Haut kaum halten kann. Der mangelnde Schweiß erweckt den Eindruck, man würde kaum schwitzen. Dennoch verliert der Körper auf diese Weise 3 bis 4 Liter Flüssigkeit pro Tag! Gekoppelt mit dem Wasserverlust ist aber auch ein Verlust an Salzen. Hinzu kommt der Verlust von Flüssigkeit durch die Immersion beim Tauchen und den Kaffee- beziehungsweise Alkoholkonsum, der mit einem Tauchurlaub zumeist verbunden ist. Schwächegefühl ist ein typisches Zeichen für Mineralverlust durch Schwitzen. Bedingt durch die Dehydration ist das Risiko eines Dekompressionsunfalls stark erhöht. Aus diesem Grund sollte auf eine ausreichende Trinkmenge, die möglichst nicht aus Kaffee oder alkoholischen Getränken besteht, geachtet werden. Gegebenenfalls ist der Mineralhaushalt des Körpers mit entsprechenden Mineraltabletten auszugleichen.

Die Freitagsmoschee ist eines der Wahrzeichen von Male.

1000 Inseln

Die eindrucksvollsten Riffformationen im Indischen Ozean stellen die Archipele der Lakkadiven und Malediven dar. Beide Inselgruppen liegen auf dem maledivischen Rücken. Er beginnt in Höhe der Lakkadiven ca. 300 km westlich des Indischen Subkontinents und erstreckt sich über 2300 km nach Süden bis zum Chagos-Archipel.

Der maledivische Archipel besteht aus einer Kette von etwa 1200 Koralleninseln. Atolle sind immer unabhängig vom Festland entstanden. Alle Bildungen und Sedimente stammen daher ausschließlich von Korallen und anderen kalkbildenden Riffbewohnern. Ein Atoll ist ein ringförmiges Riff, das eine ca. 30 bis 80 Meter tiefe Lagune umschließt. Dieser Riffkranz ist selten vollständig geschlossen. Er ist vielmehr von vielen Passagen durchbrochen, die eine Verbindung zum offenen Ozean herstellen. Das Außenriff der Atolle kann hunderte bis tausende von Metern tief sein.

Riffbildende Korallen sind auf die Starklichtzone beschränkt und vollständig an ein Leben unter Wasser gebunden. Unterhalb von 75 Meter sind riffbildende Steinkorallen kaum zu finden.

Zur Entstehung der Atolle gibt es die unterschiedlichsten Erklärungen. Eine der bekanntesten und bedeutendsten Theorien stammt von Charles Darwin. Er lieferte den Grundgedanken für die Atollentstehungstheorie der Malediven, obwohl er selbst die Inseln nie gesehen hat. Die vermutlich zutreffendste Theorie, die von Hans Hass aufgestellt wurde, beruht allein auf dem Wachstum der Korallen. Diese wachsen nach oben, bis sie die Oberfläche erreichen, und breiten sich dann seitwärts aus. Es entstehen auf diese Weise große Korallenplatten, in deren Zentrum die Lebensbedingungen immer schlechter werden. An der Außenseite aber, wo mit der Strömung nahrungsreiches Wasser herangeführt wird, haben die Korallen sehr gute Lebensbedingungen. Durch die Wirkung von Ebbe und Flut, durch Erosion und andere kalkzersetzende Prozesse wird das Innere der Korallenplatte immer weiter zerstört, und es entsteht eine meerwassergefüllte Lagune. Bricht der Riffring durch Stürme an einigen Stellen ein, kann auf diese Weise frisches Meerwasser in die Lagune einströmen und die Lebensbedingungen für neues Korallenwachstum begünstigen.

Fauna und Flora

Fauna

Auf den Malediven sind vergleichsweise nur wenige Landtierarten vertreten. Seeschwalben, Möwen, Reiher und Strandläufer sowie gelegentlich Fregattvögel sind auf den Inseln zu Gast. Verbreitet ist die Glanzkrähe, die mehr zu hören als zu sehen ist. Wie überall in den Tropen sind Geckos *(Hemidactylus)* anzutreffen. Sie klettern an den Häuserwänden entlang und halten sich gerne in den Gästebungalows auf. Geckos sind völlig harmlos, sie fressen vor allem Mücken und sind darüber hinaus unterhaltsame Gesellen. Eine weitere Echsenart ist die Schönechse *(Calotes)*, die ebenfalls sehr häufig auf den Malediven vorkommt. Es handelt sich um eher scheue Tiere, die sich bevorzugt auf dem Boden oder auch an den Palmenstämmen aufhalten. Das Männchen ist im Gegensatz zum Weibchen kräftiger gefärbt, und nicht selten sind die Männchen bei der Balz zu beobachten. An Insekten und Spinnentieren sind es Skorpione, Hundertfüßer und Nashornkäfer, die anzutreffen sind, aber auch Kakerlaken und Moskitos gehören zu den Landbewohnern. Besonders nach Regenfällen treten die Moskitos in großer Zahl auf. Malariafälle sind nicht bekannt. Ein Moskitonetz schützt nicht nur vor Stichen, sondern hält auch anderes Ungeziefer fern. Unter den Hundertfüßern *(Opisthogoneata)* gibt es eine giftige Art, den Scolopender, dessen Biss zwar sehr schmerzhaft, aber nicht tödlich ist.

Nur wenige Säugetiere leben auf den Malediven. Wildkaninchen, Hausratten, auch Palmhörnchen genannt, sowie Flughunde sind zu erwähnen. Flughunde, große Fledermäuse *(Megachiroptera, Pteropus)*, halten sich tagsüber kopfuntenhängend in den Palmen auf. Gegen Abend werden sie aktiv. Dann sind sie fliegend über den Palmen zu beobachten. Flughunde ernähren sich von Früchten und sind deshalb bei den Einheimischen nicht gern gesehen.

Der Strand ist der Lebensraum der seitwärts laufenden Geisterkrabben, die ihre Behausungen im Sand haben. Interessant zu beobachten sind daneben die Felsenkrabben *(Graspus tenuicrustatus)*, die den felsigen Untergrund bevölkern. Überall auf den Inseln leben Land-Einsiedlerkrebse *(Coenobitidae)*, die ein Schneckenhaus oder auch mal eine leere Filmdose bewohnen. Sie sind, im Gegensatz zu ihren im Meer lebenden Verwandten, mit ihren Atmungsorganen vollständig an das Landleben angepasst. Sie sollten also nicht »gerettet« und ins Wasser zurückgebracht werden.

Flora

Die Anzahl der vorkommenden Pflanzenarten beträgt derzeit etwa 600. Ein Teil davon wurde vermutlich mit den Meeresströmungen angeschwemmt, ein anderer

über Vögel eingebracht und der Hauptteil vermutlich durch Menschen auf den Inseln eingeführt. Trotz der nährstoffarmen Erde und der Abgeschiedenheit im Indischen Ozean gedeiht eine gewisse Vielfalt an Pflanzen, die den Inseln ihren typischen Charakter gibt. Auf allen Eilanden ist die Kokospalme zu finden. Alle ihre Teile werden auf vielfältige Weise genutzt. Die reifen Nüsse, die geschält werden und deren Inneres getrocknet wird, dienen der Kokosölgewinnung. Der feste, ölreiche und essbare Teil der Kopra enthält 65 bis 70 % hiervon. Aus dem Fleisch werden darüber hinaus Kokosflocken hergestellt, die bei der Zubereitung von Curries oder zum Backen verwendet werden. Die Blattsegmente dienen als Flechtmaterial zum Beispiel für Matten, Dächer oder Wände. Das Holz der Palme ist ein widerstandsfähiges Baumaterial für Boote oder Häuser. Die harten Schalen der Kokosnuss werden zur Herstellung von Holzkohle, Holzgas, Furfurol, Essigsäure und Methanol benutzt. Das Kokoswasser, das aus jungen Früchten gewonnen wird, ist ein erfrischendes Getränk. Tradition hat auch die Gewinnung von Palmensirup (Toddy). Zwei weitere Palmenarten kommen ebenfalls häufig auf den Malediven vor. Es sind die Schraubenpalme *(Pandanus)* und die Betelnusspalme *(Areca catechu)*. Die Sitte des Betelkauens ist weit verbreitet. Ihre gerösteten oder gekochten Samen werden in kleine Stücke geschnitten, mit Kalk, Zimt oder anderen Gewürzen in die Blätter des Betelpfeffers gewickelt und intensiv gekaut. Das Nährgewebe der Samen enthält verschiedene Alkaloide, wie Arecolin und Gerbstoffe. Diese Substanzen haben eine euphorisierend-stimulierende Wirkung. Das Anbieten von Betel ist ein Zeichen der Gastfreundschaft.
Die meisten Inseln sind in Strandnähe von einem dichten Pflanzengürtel umgeben. Meist sind dies Scaevolabüsche und Tournefortiabüsche. Eine andere weit verbreitete Art ist die Ziegenwinde *(Ipomoea)*, eine krautige Kriechpflanze mit purpurrosa Trichterblüten. Wunderschön anzusehen sind auch die farbenprächtigen Bougainvillea-Sträucher. Sie gehören zur Familie der Wunderblumengewächse *(Nyctaginacea)*, immergrüne tropische Kletterpflanzen, die bis zu 5 Meter hoch wachsen können. Die Sträucher besitzen eine unglaubliche Blütenfülle und kräftige, leuchtende Farben.
An Kultur- oder Nutzpflanzen werden Batate (Süßkartoffeln), eine Knollenpflanze mit hohem Nährwert, angebaut. Weitere Nutzpflanzen sind Yam und Taro, deren Knollen stärkereich sind. Maniok (auch Kassave oder Tapioka, *Manihot esculenta*) ist die Stärke liefernde Nutzpflanze schlechthin und wird, wie überall in den Tropen, auch auf den Malediven kultiviert. Die Früchte des Brotfruchtbaumes *(Artocarpus altilis)* werden in Scheiben geschnitten und gebacken oder geröstet gerne gegessen.

Coral Bleaching

Das Jahr 1998 wurde zum weltweiten Schreckensszenario für die Paradiese unter Wasser, die Korallenriffe. Auch die Malediven waren, wie viele andere Re-

Kokospalmen werden vielfältig genutzt.

Fischreiher sind auf allen Inseln anzutreffen.

gionen, vom Coral Bleaching (Ausbleichen der Korallen) betroffen. Korallenriffe sind nach dem tropischen Regenwald das artenreichste Ökosystem der Erde. Sie sind sehr produktive Meeresgebiete, die einer Fülle von Tier- und Pflanzenarten Lebensraum, Nahrung und Schutz bieten. Doch auch für den Menschen sind Korallenriffe in vieler Hinsicht bedeutsame Gebiete. Sie sind ein wichtiger Küstenschutz, stellen bedeutende Fischfanggründe dar und sind die Kinderstube vieler Fischarten. Korallenkalk dient als Baumaterial. Auch die Bedeutung der Korallenriffe als Frühwarnsystem für Umweltveränderungen und die Funktion als Klimapuffer darf nicht unterschätzt werden. Darüber hinaus sind sie Quelle für medizinisch bedeutsame Stoffe. Ohne die Korallenriffe gäbe es in vielen Gebieten der Erde keinen Tourismus. So ist auf den Malediven der Tourismus neben der Fischerei die Haupteinnahmequelle.

Doch die Korallenriffe unterliegen zunehmend Gefahren, die zum einen vom Menschen verursacht und zum anderen natürlicher Art sind. Stürme, Brandung, Krankheiten oder ein Übermaß an Korallen fressenden Tieren, wie zum Beispiel die Dornenkrone *(Acanthaster plancki)*, schwächen ein Riff. Kommen dann noch weitere Stressfaktoren, zum Beispiel Verschmutzung, Sedimentation, Lichtmangel, Veränderungen im Salzgehalt, Nährstoffeintrag oder Überfischung, hinzu, kann es zu einer endgültigen Zerstörung der Riffe kommen.

Korallenriffe werden von Steinkorallen, die zu den Nesseltieren zählen, aufgebaut. Sie leben in Symbiose mit einzelligen Algen. Diese enge wechselseitige Beziehung, aus der sowohl Korallenpolypen wie auch Algen ihren Nutzen ziehen, ist von entscheidender Bedeutung bei der Kalkabscheidung und damit beim Riffaufbau. Die Algen, die in der inneren Körperwand der Korallenpolypen leben, erhalten von ihnen Kohlendioxid, Phosphat- und Stickstoffverbindungen, die sie für ihren eigenen Stoffwechsel und die Photosynthese verwenden. Die Polypen werden von den Algen mit gelösten Stoffen wie Nitraten, Aminosäuren und organischen Verbindungen versorgt. Ihre wichtige Bedeutung liegt aber darin, dass die Algen ständig Kohlendioxid aus dem System entnehmen und es bei der Photosynthese verbrauchen. Damit steht den Korallenpolypen wesentlich mehr Kalk für den Riffbau zu Verfügung. Somit sind auch die Wachstumsraten deutlich höher als bei algenfreien Korallenarten. Für die Riffbildung sind imWesentlichen Temperatur, Licht, Sedimentation und der Salzgehalt des Wasser ausschlaggebend.

Beim Coral Bleaching 1998 war es der enorme Anstieg der Wassertemperatur, der zu katastrophalen Folgen führte. Bereits im Frühjahr stiegen die Wassertemperaturen im Indopazifik durch den El Niño stark an. Sie erreichten Werte von deutlich über 30 °C, was über mehrere Monate anhielt. Die Folge war, dass mehr als 80 % der Riffe der Malediven vom Bleaching betroffen waren. Doch auch in vielen anderen Riffgebieten in mehr als 60 Ländern war dieses Phänomen zu beobachten.

Sind Korallen einem derartigen Stress wie einer anhaltend hohen Wassertemperatur ausgesetzt, reagieren sowohl die Algen wie auch die Korallenpolypen entsprechend darauf. Die Algen weisen nach wissenschaftlichen Untersuchungen unter derartigen Bedingungen eine erhöhte Stoffwechselaktivität auf. Die Korallenpolypen ihrerseits scheiden ihre symbiontischen Algen aus. Die Folge ist, dass die Koralle weiß wird, also ausbleicht. Dennoch können die Polypen noch eine gewisse Zeit weiterleben und sich, sofern die Bedingungen sich verbessern und die Temperaturen wieder zurückgehen, regenerieren.

Weltweit war das Coral-Bleaching-Ereignis lokal gravierend. Dabei darf aber nicht vergessen werden, dass derartige Erscheinungen nicht neu sind. In der Erdgeschichte kam es immer wieder zu einschneidenden, die belebte Welt verändernden Ereignissen. Eiszeiten oder das Aussterben der Dinosaurier seien hier genannt. Berichte über ein Korallenbleichen reichen bis ins späte 19. Jahrhundert zurück. Wissenschaftliche Untersuchungen und der aufkommende Tauchtourismus Mitte des 20. Jahrhunderts stehen dafür, dass mehr über die Vorgänge und Veränderungen in der Unterwasserwelt bekannt wird. Bedenklich ist allerdings, dass der El Niño häufiger eintritt als noch vor 100 Jahren und dass wesentlich mehr Riffregionen davon betroffen sind. Die Korallenriffe der Erde und damit auch der Malediven werden sicherlich nicht aussterben, aber sie werden sich verändern. Bereits Ende des vergangenen Jahres 2000 waren schon nachwachsende Geweihkorallen an vielen Stellen der Malediven zu beobachten, und die Hoffnung, dass sich die Unterwasserwelt der Malediven wieder regeneriert, ist berechtigt.

Dennoch muss zum Schutz der Riffe einiges getan werden. Die Malediven haben reagiert und weitere Marine Protected Areas seit 1999 zu den bereits seit 1995 bestehenden errichtet. Eine »einfache« Möglichkeit für TaucherInnen, die Unterwasserwelt schonend zu behandeln, ist eine gute Tarierungskontrolle. Das Füttern von Tieren unter Wasser ist eine Touristenattraktion und in vielen Meeresgebieten populär – allerdings führt es unweigerlich zur Veränderung im Verhalten der Tiere.

Die Korallenriffe der Erde werden außerdem durch die zunehmende Umweltverschmutzung mehr und mehr gefährdet. Durch den stark erhöhten Nährstoffeintrag, hervorgerufen durch Einleitung von Abwässern oder aber durch das Überbordwerfen des angefallenen Mülls kommt es lokal zu einem starken Algenwachstum. Dies führt zum Uberwachsen der Korallen mit Algen und damit ebenfalls zum Absterben von Korallenstöcken.

Ein Problem stellt auch die Erwärmung der Erde dar und als Folge davon die Erhöhung des Meeresspiegels durch das Schmelzen des Polareises. Die Malediveninseln selbst überragen die Meeresoberfläche nur um bis zu 2 Meter. Geht der Anstieg des Meeresspiegels sehr schnell, können die Korallen womöglich nicht Schritt halten mit ihrem Wachstum.

Die Nutzung der Meeresressourcen trägt ebenfalls dazu bei, dass die Riffe ausgebeutet werden. Durch den Fang für die Meeresaquaristik werden bestimmte Fischarten dezimiert. Das Kaufen von Souvenirs aus dem Meer schadet dem Ökosystem mehr, als es den Anschein hat. Mit dem Kauf wird gleichzeitig die Nachfrage gefördert, und es werden Tiere wie Muscheln, Schnecken, Seepferdchen, Igelfische und dergleichen mehr getötet. Selbst leere Schalen oder Gehäuse von Meerestieren sollten nicht aus dem Wasser entfernt werden, da sie neuen Siedlungsraum für andere Tiere darstellen. Es gibt viele marine Organismen, deren Larven nur auf solchem Substrat eine Lebensgrundlage finden können.
Wir dürfen nicht vergessen, dass wir Gast in einer Welt sind, die eigentlich nicht für uns geschaffen ist. Helfen wir also alle mit, diesen wunderbaren Lebensraum zu erhalten und zu schützen. Es gibt viele Möglichkeiten, die Schönheit dieses Lebensraumes zu genießen und sich doch umweltschonend im Meer zu verhalten und den eigenen Einfluss zu minimieren.

Haie und Rochen
Diese eleganten und zugleich beeindruckenden Tiere unter Wasser zu sehen zählt zu den Highlights eines Tauchganges. Besonders dann, wenn es sich um die Riesen unter ihnen wie Manta oder Walhai handelt. Der Indische Ozean bietet für viele Hai- und Rochenarten einen idealen Lebensraum.
Fossile Überlieferungen der Haie und Rochen *(Elasmobranchia)* belegen, dass es 2 Hauptphasen der adaptiven Radiation (d.h. der Entwicklung neuer ökologischer Lebensformen aus einer Stammform durch die Herausbildung spezifischer Anpassungen an unterschiedliche Umweltbedingungen) gegeben hat. Fossile Belege von Haien sind vor allem Zähne oder Placoidschuppen, kleine Hautzähne, die in ihrem Aufbau den Wirbeltierzähnen ähnlich sind. In der ersten Phase vor 450–400 Millionen Jahren entwickelten sich Haie mit ähnlicher Gestalt wie die modernen Haie, jedoch mit einer ursprünglicheren Skelettstruktur. Vor etwa 300–150 Millionen Jahren gab es 2 Gruppen von Haien, von denen eine das Süßwasser besiedelte und die andere sowohl im Süßwasser wie auch in den Ozeanen zu Hause war. Aus Gesteinsablagerungen ist der *Diplodoselache* bekannt. Er besaß anstelle einer Rückenflosse einen Flossensaum, der vom Schädel bis zur Schwanzflosse reichte. Man vermutet, dass dies eine Anpassung an seinen Lebensraum, die flachen Gewässer der Kohlensümpfe, war, in denen eine schlängelnde Fortbewegungsweise sehr viel effektiver gewesen sein dürfte.
Die meisten dieser Haie starben aber vor etwa 200 Millionen Jahren aus. In der zweiten Phase dieser Entwicklung vor weniger als 200 Millionen Jahren entwickelten sich Haie und Rochen, die schließlich vor etwa 150 Millionen Jahren in ihrer heutigen Form ausgestaltet waren. Schon zu diesen »Urzeiten« spielten die Haie und Rochen eine dominierende Rolle als Raubtiere. Das Knorpelskelett der Haie ist im Übrigen nicht als ursprünglich anzusehen, sondern es wird vermutet, dass es sich hier um einen Rückbildungsprozess vom Knochen- zum Knorpelgewebe handelt.

Grauhaie lassen sich bei fast allen Tauchgängen beobachten.

Die Begegnung mit einem Weißspitzen-Hochseehai zählt zu den »Hailights« eines jeden Tauchers.

Die ältesten bekannten modernen Haie und Rochen *(Neoselachia)* stammen aus der Zeit vor etwa 200–150 Millionen Jahren. Sie zeigen eine wesentliche Weiterentwicklung hinsichtlich der Nahrungsaufnahme und der Bewegungsweise. Die Zähne sind in ihrem Aufbau völlig verschieden von denen anderer fossiler Haie. Der Geruchssinn verbesserte sich bedeutsam, und das Maul verlagerte sich nach der Bauchseite. Die Art der Kieferaufhängung hat sich dahingehend verändert, dass Haie auch bei großen Beutetieren ihre Kiefer in das Opfer schlagen und Brocken herausreißen können. Bei kleinen Haien entstand ein beweglicher Saugapparat. Die Folge dieser Weiterentwicklung ist die Erschließung eines wesentlich größeren Beutespektrums. Außerdem nahm das Gehirnvolumen beträchtlich zu, was einen weiteren Entwicklungsschritt bedeutet.

Die älteste Versteinerung einer heute noch lebenden Hai-Art ist 180 Millionen Jahre alt. Früheste Funde, Zähne vom Mako- und Makrelenhai, werden auf etwa 100 Millionen Jahre datiert. Zähne vom Weißen Hai sind 60–65 Millionen Jahre alt. In der Entwicklungsgeschichte des Weißen Hais können hinsichtlich der Zahnformen zwei Linien verfolgt werden. Eine Linie mit grob gezackten Zähnen und eine andere mit fein gezackten Zähnen mit der Tendenz zum Riesenwuchs. Zu dieser zweiten Linie zählt auch die Hai-Art *Carcharodon megalodon*. Er war ein mehr als 12 Meter langer Hai mit 18 Zentimeter langen Zähnen. Die Annahme, er sei ein direkter Vorfahr des Weißen Hais, kann nach der vorliegenden Literatur nicht bestätigt werden.

Die Körperform der Haie und Rochen ist deutlich verschieden. Während Haie einen mehr oder weniger spindelförmigen Körper haben, sind Rochen abgeflacht und ihre Brustflossen können, wie am Beispiel des Manta zu sehen ist, enorm vergrößert sein. Man kann regelrecht von Flügeln sprechen, mit denen diese Tiere mühelos durch das Wasser gleiten. Selbstverständlich sind auch Haie ausgezeichnete Schwimmer.

Auch heute nehmen die Haie wie schon damals eine dominierende Rolle als Raubtiere der Meere ein. Haie besitzen keine Schwimmblase. Dafür haben sie eine relativ große ölhaltige Leber, welche die Dichte des Körpergewebes reduziert. Knochen- durch Knorpelgewebe zu ersetzen macht den Körper ebenfalls leichter. Dadurch ist weniger Auftrieb nötig, um den Körper im freien Wasser in der Schwebe zu halten. Die Ernährungsweise ist vielfältig. Einerseits gibt es Räuber, die im freien Wasser auf Jagd gehen und Fische, Tintenfische oder Meeressäuger fressen. Andererseits gibt es Grundbewohner, die am Meeresboden nach Beutetieren wie Schnecken oder Muscheln suchen. Die so genannten Planktonfiltrierer sind die dritte Gruppe, zu denen der Walhai zählt. Sie filtern Kleinstorganismen wie kleine Krebstiere und Fische aus dem Wasser.

Die Sinne der Haie sind sehr stark ausgeprägt. Sie besitzen einen Tast- und Gehörsinn und verfügen über eine ausgezeichnete Geruchs- und Geschmackswahrnehmung. Außerdem sind sie in der Lage, elektrische und magnetische Reize wahrzunehmen. Bis auf wenige Ausnahmen besitzen Knorpeltiere elektrische

Organe, die Lorenzinischen Ampullen, mit denen sie beispielsweise im Sand vergrabene Beutetiere aufspüren können. Dieses Sinnesorgan reagiert auf mechanische und elektrische Reize sowie Kälte und Salzkonzentrationsänderungen. Haie sind in der Lage, im Wasser enthaltene Substanzen in millionenfacher Verdünnung wahrzunehmen. Auch ihr Sehvermögen ist bei weitem besser als vielfach angenommen und spielt bei der Beutejagd eine nicht unwesentliche Rolle.

Häufig in Riffnähe zu beobachten sind die Weißspitzenriffhaie *(Triaenodon obesus)*. Ihre Körpergröße beträgt bis zu 1,8 Meter. Besonders auffällig ist die weiße Spitze der Rückenflosse. Auch die anderen Flossen tragen weiße Spitzen, jedoch ist dies nicht immer deutlich zu erkennen. Das Verbreitungsgebiet des Weißspitzenriffhais ist die indopazifische Region. Sie sind hauptsächlich nachts aktiv und gehen zu dieser Zeit auf Beutejagd. Tagsüber halten sie sich meistens in Höhlen im Riff oder auf Sandgrund auf, wobei jedes Einzeltier einen eigenen Raum (Revier) für sich beansprucht. Doch sie sind natürlich auch schwimmend zu sehen. Die Nahrung dieser Tiere sind Fische, Krebstiere, Schnecken und Muscheln.

Bekannt ist daneben der Graue Riffhai *(Carcharhinus amblyrhynchos)*. Diese Haie patrouillieren am Riffabhang entlang und sind hervorragende Schwimmer. Sie werden etwa 2 Meter lang, sind hochrückiger als Weißspitzenriffhaie und besitzen eine graue Körperfärbung. Häufig sind sie zu größeren Gruppen vergesellschaftet anzutreffen. Sie halten sich bevorzugt in den tieferen Bereichen des Riffabhanges auf, aber auch in wenigen Metern Tiefe können sie beobachtet werden. Der Graue Riffhai ist reviertreu und zeigt einem Eindringling durch hektisches Hin- und Herschwimmen, das Abspreizen der Brustflossen sowie durch Buckeln, dass er hier nichts zu suchen hat.

In Höhlen oder unter Korallenblöcken halten sich tagsüber gerne Ammenhaie auf. Sie sind nachtaktiv und machen dann Jagd auf Fische, Krebse, Garnelen, Tintenfische, Muscheln, Schnecken oder Seeigel. Als Anpassung an ihre bodennahe Lebensweise ist der Körper der Ammenhaie abgeflacht und das Maul stumpf. Trotz dieser eher plumpen Körperform sind sie ebenso elegante Schwimmer wie verwandte Hai-Arten. Ammenhaie sind üblicherweise eher scheue Bodentiere. Sie reagieren jedoch sehr empfindlich auf Störungen und können sich blitzschnell umwenden. Unter Umständen verlassen sie auch ihren Stammplatz, wenn sie nicht in Ruhe gelassen werden.

Zu den Begegnungen der besonderen Art zählt ein Zusammentreffen mit Hammerhaien *(Sphyrnidae)*, die nur an wenigen Plätzen in der Unterwasserwelt der Malediven beobachtet werden können. Hammerhaie sind unverwechselbar an ihrem einzigartig verbreiterten und abgeflachten Kopf zu erkennen. Sie besitzen weit auseinander liegende Augen und eine auffällig hohe erste Rückenflosse. Die Körpergröße variiert von kleinen Arten mit 1,5 Meter Länge bis zu Arten, die 4–5 Meter groß werden können. Sie sind keine reinen Hochseebewohner, sondern kommen in Riffnähe einzeln, aber teilweise auch in großen Schulen vor. Ham-

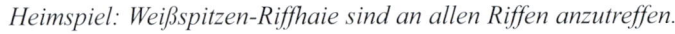

Überflieger: ein Manta zieht an der Oberfläche seine Bahnen.

Heimspiel: Weißspitzen-Riffhaie sind an allen Riffen anzutreffen.

Klein aber wehrhaft: ein Zitterrochen.

Mit ein wenig Geduld lassen sich die Stachelrochen aus der unmittelbaren Nähe betrachten.

merhaie fressen Fische, Rochen und andere Haie, aber auch Krebstiere und Tintenfische werden nicht verschmäht.

Selten, doch nichts desto weniger faszinierend zu erleben, sind Tigerhaie, Blauhaie oder Weißspitzenhochseehaie. Ein Tigerhai kann eine Länge von mehr als 5 Meter erreichen. Er hat eine flache, stumpfe Schnauze und ein großes Gebiss. Diesen Tieren werden neben dem Weißen Hai die meisten Angriffe auf Menschen nachgesagt. Die Körperform des Blauhais *(Prionace glauca)* ist schmal und die Schnauze spitz zulaufend. Die Körperfärbung ist bläulich. Er erreicht eine Körpergröße von bis zu 3 Meter. Das Verbreitungsgebiet des Blauhais sind die Gewässer der gemäßigten Breiten. Sie werden im offenen Wasser ebenso wie in Küstengewässern angetroffen. Sein Lebensraum erstreckt sich von der Oberfläche bis in 150 Meter Tiefe. Blauhaie unternehmen offenbar weite Wanderungen und sind daher weltweit verbreitet. Bei entsprechend niedrigen Wassertemperaturen (deutlich unter 20 °C) dringen Blauhaie auch in tropische Gewässer vor. Ihre Nahrung besteht aus Fischen und Tintenfischen. Das auffälligste Merkmal der Weißspitzenhochseehaie sind die großen Flossen mit auffälligen weißen Flossenspitzen. Die erste Rückenflosse ist groß und abgerundet, die Brustflossen lang und die Schwanzflosse ist ebenfalls mächtig. Der Weißspitzenhochseehai erreicht eine Länge von bis zu 4 Meter und ernährt sich im Wesentlichen von Tunfischen, Makrelen, Marlinen und Delfinen. Normalerweise halten sie sich in Tiefen von mindestens 60 Meter auf, sind aber, wenngleich selten, auch am Riff zu sehen.

Mit Sicherheit jedoch ist ein Zusammentreffen mit einem Walhai das Highlight eines Malediventauchganges schlechthin. Diese Hai-Art zählt mit bis zu 18 Meter Länge zu den größten Vertretern der Knorpeltiere. Die Walhaie *(Rhicodontidae)* besitzen einen auffällig breiten, flachen Kopf und ein stumpfes, endständiges Maul mit winzigen Zähnchen. Seitlich am Rumpf und am Schwanz haben sie deutliche Furchen. Die Körperzeichnung ist dunkel mit hellen Flecken und ebenso hellen Längs- und Querstreifen. Das Verbreitungsgebiet der Walhaie sind die Warmwassergebiete der Meere. Sie sind Hochseebewohner, die sich oft nahe der Oberfläche aufhalten. Sie können aber auch in Küstennähe angetroffen werden. Wahlhaie sind trotz ihrer erstaunlichen Größe Plankton-Filtrierer. Ihre Nahrung besteht aus einzelligen Algen, Krebsen und kleinen Fischen.

Auch unter den Rochen gibt es einen Vertreter, der mit seiner Größe und Eleganz Aufsehen erregt. Der Manta *(Manta birostris)* ist ebenso wie der Walhai ein Plankton-Filtrierer. Mit einer »Flügelspannweite« von mehr als 4 Meter ist er der größte Vertreter der Rochen. Beeindruckend sind Bilder dieser Tiere, wie sie mit weit offenem Maul und ihren wie Schaufeln aussehenden Kopfflossen durch das Wasser ziehen und Kleinstlebewesen wie kleine Fische, Krebse und andere Planktonorganismen herausfiltern. Selbst in starker Strömung, gegen die kein Taucher mehr ankommt, bewegen sie sich scheinbar mühelos. Ihr Verbreitungsgebiet sind der Indische Ozean, das Rote Meer und der Pazifik.

An manchen Plätzen häufig zu sehen sind die Stachelrochen, die im Vergleich zum Manta eher klein wirken. Sie ernähren sich vor allem von Muscheln und Krebsen, die sie vom Sandgrund aufnehmen. Stachelrochen leben bodennah. Ihre mehr oder weniger runde Körpergestalt ist charakteristisch. Die meisten Rochen schwimmen mit wellenförmigen Bewegungen ihrer Brustflossen. Ihr Schwanz ähnelt einer Peitschenschnur, an der bei dieser Familie ein giftiger Schwanzstachel, welcher der Verteidigung dient, sitzt.

Ein bisschen vorsichtig sollte mit Zitterrochen umgegangen werden. Diese Rochen zählen zu den kleineren Vertretern ihrer Art. Der Vorderkörper ist annähernd rund und die beiden stark verkleinerten Rückenflossen sind in die Schwanzregion verlagert. Sie besitzen elektrische Organe, die im eigentlichen Sinne zur Abwehr dienen, aber bei Berührung zu unangenehmen Schmerzen führen. Zitterrochen sind nachtaktive Jäger, die vor allem Fische jagen. Ihre Körpergröße reicht von 25 bis 100 Zentimeter.

Imposant sind die Gitarrenrochen. Mit ihrem dreieckigen Kopf und einer Länge bis zu 1,5 Meter gleiten sie gemächlich über das Riff. Leider sind sie nur selten auf den Malediven zu sehen. Häufiger dagegen kommen Adlerrochen vor. Sie besitzen ähnlich den Mantas stark ausgeprägte Brustflossen, mit denen sie zu fliegen scheinen. Adlerrochen fressen, obwohl Begegnungen fast immer nur im Freiwasser stattfinden, Muscheln, Schnecken, Würmer oder Krebstiere, die sie im Korallensand finden.

Haie und Rochen gehören schon immer zu den großen Touristen-Attraktionen. Nicht selten werden diese Tiere an bestimmten Plätzen angefüttert, um den begeisterten Tauchern die Möglichkeit der Beobachtung zu geben. Trotz der Tatsache, dass die meisten Haie und auch Rochen keine potenzielle Gefahr für den Menschen darstellen, ist bei dem Versuch, sie zu füttern, äußerste Vorsicht geboten, denn im Kampf um die angebotenen Nahrungsbrocken wird auf nichts und niemanden Rücksicht genommen.

In den letzten Jahren hat die Ausbeutung der Meere auch an den Knorpeltieren ihre Spuren hinterlassen. Gerade in der letzten Zeit werden mehr und mehr Haie gejagt. Die Dezimierung einzelner Arten bis hin zur drohenden Ausrottung ist nicht mehr zu übersehen. Haizähne, zu Halsketten verarbeitet, werden überall als Souvenir angeboten. Die Haut vieler Haie wird zu Leder verarbeitet. Das in der Leber vorhandene Vitamin A wird zur Herstellung von Vitaminpräparaten verwendet, und das Squalen (ungesättigter Kohlenwasserstoff im Leberöl von Haien) findet in der Industrie, der Arzneimittelproduktion oder Kosmetikartikelherstellung vielseitige Verwendung. Haifischflossen gelten in manchen Ländern als Delikatessen. Grausam dabei ist, dass die Haie, denen die Flossen abgeschnitten worden sind, zurück ins Meer geworfen werden, wo sie elend zugrunde gehen. Durch die Verwendung der Haie als »Rohstofflieferant« sind viele Arten in ihrem Bestand bedroht. Mehrere 100 Millionen Tonnen werden jährlich aus den Meeren gefischt, und die Nachfrage steigt stetig. Es wurde errechnet, dass die Haie zu schützen mehr Geld einbringt, als Haie zu jagen und deren Produkte zu verkaufen, woraufhin sich verstärkt für den Schutz der Haie eingesetzt wurde.

Giftige Meerestiere

Giftige Tiere gibt es in allen Weltmeeren, und so sind sie auch im Reich der tausend Inseln anzutreffen. Sie finden sich unter den Nesseltieren, den Weichtieren, den Stachelhäutern, den Knorpel- und Knochenfischen und den Seeschlangen. Gefährlich sind diese Tiere dadurch, dass sie in der Lage sind, durch Nesseln, Bisse oder Stiche Gift zu übertragen. Die Bedeutung der Giftwirkung liegt in der Verteidigung, dem Nahrungserwerb oder dem Schutz vor Bakterien und Parasiten. Außer durch direkten Kontakt kann eine Vergiftung beim Menschen aber auch passiv erfolgen, indem das Gift über die Nahrung aufgenommen wird.

Die charakteristischen Merkmale der Nesseltiere sind ihre Nesselkapseln, die an den Tentakeln der Tiere lokalisiert sind. Es handelt sich um einen weniger als 1 Millimeter großen Giftapparat. Auf einen Berührungsreiz hin wird ein mehrere Millimeter langer Nesselfaden ausgeschleudert, der in das Opfer eindringt und das Gift injiziert. Das Gift lähmt oder tötet die Beute. Beim Menschen variieren die Symptome der Vergiftung je nach Nesseltier-Art, Stelle des Stiches und Empfindlichkeit der Person.

Das stärkste Gift besitzen die Seewespen, so zum Beispiel die *Chironex fleckeri*, die zu den Würfelquallen gehört. Bei den Schirmquallen sind es die Seenesseln *(Cyanea)*, die besonders giftig sind. Auch unter den Hydrozoen gibt es giftige Arten, wie Feuerkorallen und Staatsquallen. Zu den Staatsquallen gehört unter anderem die Portugiesische Galeere *(Physalia physalis)*. Ihr Verbreitungsgebiet erstreckt sich von der Karibik über das Rote Meer bis hin zum Indopazifik. Diese Tierkolonie, es handelt sich um den Zusammenschluss von vielen Einzeltieren, verfügt über eine segelartige Gasblase. Die Tentakel, an denen die Nesselkapseln lokalisiert sind, können bis zu 50 Meter lang werden. Staatsquallen sind an sich Bewohner der Hochsee, jedoch können Winde oder Strömungsverhältnisse diese Quallenart auch in Küstennähe verfrachten. In diesem Fall ist Vorsicht geboten, nicht nur für Taucher, sondern auch für Schwimmer und Schnorchler. Auch abgerissene Tentakelteile oder an den Strand gespülte Tiere sind nicht ungefährlich, denn die Nesselkapseln sind auch unter diesen Umständen noch intakt. Das Gift der Portugiesischen Galeere gehört zu den stärksten Nesselgiften überhaupt und kann durchaus lebensbedrohend für den Menschen sein. Unter den Blumentieren *(Anthozoa)*, zu denen unter anderem Steinkorallen, Weichkorallen oder Gorgonien gehören, finden sich für den Menschen weniger gefährliche Tiere. Sie verfügen ebenfalls über Nesselkapseln, deren Durchschlagskraft aber wesentlich geringer ist als die anderer Nesseltiere. Die Symptome einer Vernesselung sind starkes Brennen, Bläschenbildung und Schwellungen. In schweren Fällen kommen Lähmungserscheinungen, Nachlassen des Herzschlags, Bewusstlosigkeit, Atemnot, Gefühllosigkeit und akutes Herzversagen hinzu. Die an der Haut klebenden

Schön aber wehrhaft, eine Kolonie von Prachtanemonen.

Eine Gruppe von Haarsternen hält ihre Arme in die Strömung, um Nahrung zu filtrieren.

Tentakelteile und Nesselkapseln müssen unbedingt, am besten mit Meerwasser, entfernt bzw. inaktiviert werden. Auf keinen Fall darf Süßwasser oder nasser Sand benutzt werden, da dies zum Explodieren der Nesselkapseln führt. Die Wunden selbst sind wie Brandwunden zu behandeln.

Unter den Nacktschnecken finden sich Arten, deren Nahrung aus Nesseltieren besteht. Es wurde entdeckt, dass einige Nacktschneckenarten Wege zur chemischen Verteidigung entwickelt haben. Sie speichern die mit ihrer Nahrung (Nesseltiere) aufgenommenen Nesselkapseln völlig unbeschädigt in speziellen Körperteilen, wobei bisher unbekannt ist, auf welche Weise dies geschieht. Eine Verletzung durch einen Räuber führt zu einer Entladung der Nesselkapseln und damit zur Abschreckung des Fressfeindes. Die zum Teil sehr prächtige Körperfärbung der Nacktschnecken kann somit auch als Warnfärbung interpretiert werden.

Zu den Meerestieren, die dem Menschen durch Beißen gefährlich werden können, gehören die Knorpeltiere und Knochenfische sowie die Seeschlangen.

Im Allgemeinen zeigen Haie kein aggressives Verhalten gegenüber dem Menschen. Allerdings kann es bei Haifütterungen, bei denen Mensch und Tier auf engem Raum zusammen sind, zu Bissverletzungen kommen. Um dem vorzubeugen, ist es am besten, erst gar kein Futter, welcher Art auch immer, mit unter Wasser zu nehmen. Trotzdem, es gibt einige potenziell gefährliche Hai-Arten wie den Weißen Hai *(Carcharodon carcharias)*, den Tigerhai *(Galeocerdo cuvier)*, den Blauhai *(Prionace glauca)*, den Makohai *(Isurus pelagicus)* oder den Hammerhai *(Sphyrnidae)*, die den Menschen auch ohne Grund angreifen können.

Nicht selten treten Bissverletzungen durch Muränen auf. Das Verbreitungsgebiet von Muränen ist weltweit in tropischen und subtropischen Gewässern. Muränen sind nachtaktive Jäger. Die Riesenmuränen *(Gymnothorax javanicus)* können bis zu 3 Meter lang werden und halten sich tagsüber in Spalten und Höhlen auf. Muränen besitzen keine Giftzähne, wie es häufig angenommen wird. Trotzdem, die Gefahr der Infektion ist sehr groß, da der Mundschleim der Muränen leicht entzündlich wirkt. Der Muränenbiss verursacht meist tiefe Fleischwunden, die stark bluten. Die Verletzungen sind schmerzhaft und müssen ärztlich versorgt werden. Vorbeugen kann man dadurch, dass man Löcher und Spalten meidet, die diese Tiere als ihr Revier beanspruchen.

Sehr selten sind Vergiftungen durch Seeschlangen. Die echten Seeschlangen *(Hydrophiidae)* gehören zur Familie der Giftnattern *(Elapidae)*. Sie sind im gesamten tropischen Raum rund um die Erde verbreitet und ausnahmslos giftig. Der Giftapparat besteht aus zwei länglichen Giftdrüsen im Oberkiefer der Schlange. Diese Giftdrüsen münden in die beiden vorderen hohlen Fangzähne. Der Biss selbst ist relativ schmerzfrei, und auch lokale Symptome wie Blutungen, Schwellungen oder unregelmäßige Blutergüsse treten nicht auf. Wie die Vergiftung verläuft, hängt von der Menge des injizierten Giftes und von der betroffenen Stelle ab. Die Symptome reichen von der Reduzierung der Bewegungsfähigkeit der Glieder bis hin zu Lähmungserscheinungen, Muskelschmerzen, Erschlaffung der

Augenlider und Einschränkung der Kaumuskulatur. Schließlich kann es zum Tod durch Atemlähmung kommen. Bei Injektion einer ausreichend hohen Dosis eines Gegengifts tritt schnelle Erholung ein. Dem Menschen gegenüber sind Seeschlangen eher scheu als aggressiv und beißen nur, wenn sie sich bedroht oder in die Enge getrieben fühlen.

Eine ganz andere Strategie zur Verteidigung oder zum Nahrungserwerb haben einige Meereslebewesen entwickelt, indem sie Giftpfeile, Giftstacheln oder Giftdrüsen einsetzen.

Unter den Schnecken gibt es verschiedene Arten, die Giftpfeile verwenden, um Beute zu machen. Bei der Familie der Kegelschnecken, die zu den so genannten Giftzünglern gehören, ist die Radula, ursprünglich ein Schab- oder Raspelorgan zum Abweiden von Algen, zu einem Giftapparat umgewandelt. Die Zähne stellen nun hohle, mit einem Widerhaken versehene Giftpfeile dar. Nur immer ein Pfeil steht mit einer Giftdrüse in Verbindung. Weitere Ersatzzähne liegen in einer Zahnbildungstasche bereit. Das Gift wird über den Giftpfeil (»Injektionsnadel«) in das Beutetier injiziert und lähmt oder tötet das Opfer. Je nachdem was die Schnecke frisst, ist die Giftwirkung unterschiedlich stark. Besonders giftig und auch für den Menschen gefährlich sind die Fisch fressenden Arten, zu denen zum Beispiel die Landkarten-Kegelschnecke *(Conus geographus)* zählt.

Symptome sind starke Schmerzen, die in Taubheit übergehen, sowie Muskellähmung. Der Tod tritt durch Atemlähmung und Herzversagen ein. Es sind zwar nur wenige Todesfälle bekannt, aber ein Unfall lässt sich leicht dadurch vermeiden, dass man die sehr schön aussehenden Gehäuse dieser Schnecke nicht anfasst oder sammelt.

Verletzungen durch Seeigel sind zwar auch schmerzhaft, aber bei weitem weniger gefährlich. Sie sind entweder rein mechanischer Art, oder es handelt sich um echte Vergiftungen wie beim Diademseeigel. Eine Verletzung führt zu sehr starken Schmerzen, die Einstichstelle färbt sich rot und schwillt an, und es kann zur Lähmung der motorischen Nerven der verletzten Gliedmaße kommen. Die Schmerzen klingen im Allgemeinen innerhalb einiger Stunden ab. Einige Vertreter der Seeigel besitzen giftige Pedicellarien, kleine Greifzangen, die mit Giftdrüsen versehen sind. Das Wichtigste ist das Entfernen der Stacheln oder Pedicellarien, die Desinfektion der Wunde und die Behandlung aufgetretener Symptome.

Seesterne besitzen Giftstoffe, die dem Nahrungserwerb dienen, die aber auch antibiotische, dem Schutz gegen Bakterien und Pilzbefall dienende Eigenschaften haben. In Hautdrüsen wird ein schleimiges Sekret gebildet, das ins Wasser abgegeben wird und mit dem auf diese Weise wirbellose Tiere wie Muscheln, Schnecken oder Garnelen gelähmt werden. Verletzt man sich an den Stacheln eines Seesterns wie zum Beispiel an den kräftigen Stacheln der Dornenkrone *(Acanthaster planci)*, so kann das Gift in die Wunde eindringen und dadurch starke Schmerzen, Schwellungen, Übelkeit oder Kreislaufbeschwerden verursachen.

Unter den Knorpel- und Knochenfischen gibt es eine Reihe von Arten, die schwere Verletzungen und Vergiftungen verursachen können. Der Kontakt mit diesen Tieren erfolgt oftmals zufällig, denn viele Arten sind Meister der Tarnung. Deshalb ist Vorsicht geboten und wann immer möglich Bodenkontakt oder Festhalten zu vermeiden.

Der Giftapparat der Stachelrochen besteht aus 1, bei manchen Arten auch aus 2 Stacheln. Er setzt an der Basis des Schwanzes an und ist im intakten Zustand von einer Gewebehülle, die das Gift enthält, umgeben. Der Stachel ist seitlich mit Widerhaken versehen. Beim Einstich wird die Gewebehülle zerstört, und das Gift kann in die Wunde eindringen. Häufig bleibt beim Zurückziehen ein Großteil des Stachelschaftes und der Gewebehülle in der Wunde zurück. Die Schmerzen treten sofort ein, sie sind sehr intensiv und halten mehrere Stunden oder Tage an. Übelkeit, Schwäche, Angstgefühle, Erbrechen, Muskellähmung, schneller Herzschlag und Tod können eintreten. Die Behandlung wie schmerzstillende Medikamente, Reinigen der Wunde, chirurgische Wundbehandlung sollte so früh wie möglich einsetzen. Sie ist in allen Fällen angezeigt.

Perfekt getarnt sind die Vertreter der Familie der Skorpionfische, die Drachenköpfe *(Scorpaena)* und die Steinfische *(Synanceja)*. Die Feuerfische *(Pterois)* dagegen haben nicht nur eine auffällige Gestalt, sondern sind zudem noch intensiv gefärbt. Der Giftapparat ist bei allen 3 Familien an den Rücken-, den Anal- und Beckenstacheln lokalisiert. Diese Stacheln sind in eine dünne Bindegewebsschicht eingebettet, in der sich auch die Giftdrüsen befinden. Der Stich verursacht sofort starke, brennende Schmerzen, die bis zur Bewusstlosigkeit führen können. Die Schmerzen halten für gewöhnlich nur einige Stunden an. Das betroffene Körperteil schwillt an, was über Wochen anhalten kann. Bei Steinfischen können die Schmerzen mehrere Tage dauern. Krämpfe, Übelkeit, Erbrechen, Atemnot, Anschwellen der Lymphknoten sind weitere Symptome. Bei dieser Familie kann es in seltenen Fällen zum Tode kommen.

Manche Fischarten können eine Vergiftung hervorrufen, die Ciguatera genannt wird. Es handelt sich um eine Vergiftungserscheinung, die sich gastrointestinal und neurologisch zeigt. Bisher sind etwa 300 Arten verschiedener Fischfamilien (Doktorfische, Drückerfische, Makrelen, Falterfische, Lippfische, Straßenkehrer, Schnapper, Muränen, Papageifische, Barsche, Barrakudas) bekannt, die diese Vergiftung hervorrufen können. Doch der Giftstoff wird nicht von den Fischen selbst produziert, sondern über die Nahrung in Form von Dinoflagellaten (Einzeller, die auf Algen leben) aufgenommen. Gespeichert wird er vor allem in Leber, Geschlechtsorganen und Eingeweiden. Das Fleisch ist weit weniger giftig. Die Symptome einer Vergiftung sind Taubheit der Extremitäten, Kribbeln um Mund und Zunge, Umkehr des Kalt-/Warm-Empfindens, Durchfall, Muskelschmerzen, Übelkeit, Erbrechen, Fieber, Schüttelfrost, Kopfschmerzen und in schweren Fällen Krämpfe. Meist treten die Symptome innerhalb der ersten 6 Stunden nach dem Verzehr der Fische ein. Sie halten Tage bis Wochen an, und bis zur vollständigen Genesung können Monate vergehen. Eine Ciguatera-Vergiftung erzeugt keine Immunität, weshalb eine weitere Vergiftung innerhalb der ersten 6 Monate erheblich schwerer verläuft.

Als Delikatesse wird in Asien Bêche-de-mer oder Trepang, die getrocknete Körperwand einiger Arten von Seegurken, angeboten. Viele Arten von Seegurken haben so genannte Cuviersche Schläuche, die im Falle einer Gefahr aus der Bauchhöhle ausgestoßen werden. Die Aufnahme des Giftes mit der Nahrung resultiert meist daher, dass bei der Zubereitung von Bêche-de-mer oder Trepang nicht auf die Giftstoffe geachtet wird. Eine Vergiftung führt im Allgemeinen zu Verdauungsstörungen.

Eine mitunter tödlich verlaufende Vergiftung kann der Verzehr von Kugelfischen (Fugu, japanische Delikatesse) nach sich ziehen. Diese Fischart trägt eines der stärksten Nicht-Protein-Gifte, Tetrodotoxin, in sich. Es kann als Nervengift tödlich wirken und noch Monate nach dem Tod des Fisches wirksam sein. Auch durch Erhitzen wird es nicht zerstört. Das Toxin ist hauptsächlich in Geschlechtsorganen, Leber und Eingeweiden gespeichert. Das Fleisch selbst enthält nur wenig davon. Die Giftigkeit hängt außerdem vom Fortpflanzungszyklus ab und ist am höchsten kurz vor der Eiablage im Mai und Juni. Die Symptome treten sehr schnell nach 5–30 Minuten ein. Es sind Schwäche, Benommenheit, Schwindelgefühl, Blässe und Kribbeln an Lippen, Zunge und Rachen, später Schwitzen, Schmerzen beim Einatmen und Abfallen des Blutdruckes; in schweren Fällen Muskelschmerzen, Brustschmerzen, Atembeschwerden und bläuliche Verfärbung der Haut und Schleimhäute. Schließlich treten Lähmungen auf, manchmal Krämpfe. Der Tod tritt durch Atemlähmung innerhalb von 6–24 Stunden nach der Vergiftung ein. Ein spezifisches Gegenmittel ist nicht bekannt. Begegnungen mit Kugelfischen unter Wasser sind dagegen völlig harmlos.

So viele giftige Tiere es im Meer auch gibt, ihre »Waffen« dienen ihrer Verteidigung und dem Beutefang. Der Mensch kommt meistens nur zufällig oder durch Unachtsamkeit in Kontakt mit giftigen Meeresbewohnern, denn aggressives Verhalten der Tiere gegenüber dem Menschen ist eher selten. So können Unfälle schon allein durch aufmerksame Beobachtung der Umgebung vermieden werden.

Besser als ihr Ruf: Eine braune Riesenmuräne.

Gut getarnt lauert der Steinfisch auf seine Beute.

Blitzschnell stößt der Rotfeuerfisch zu, um seine Beute zu verschlingen.

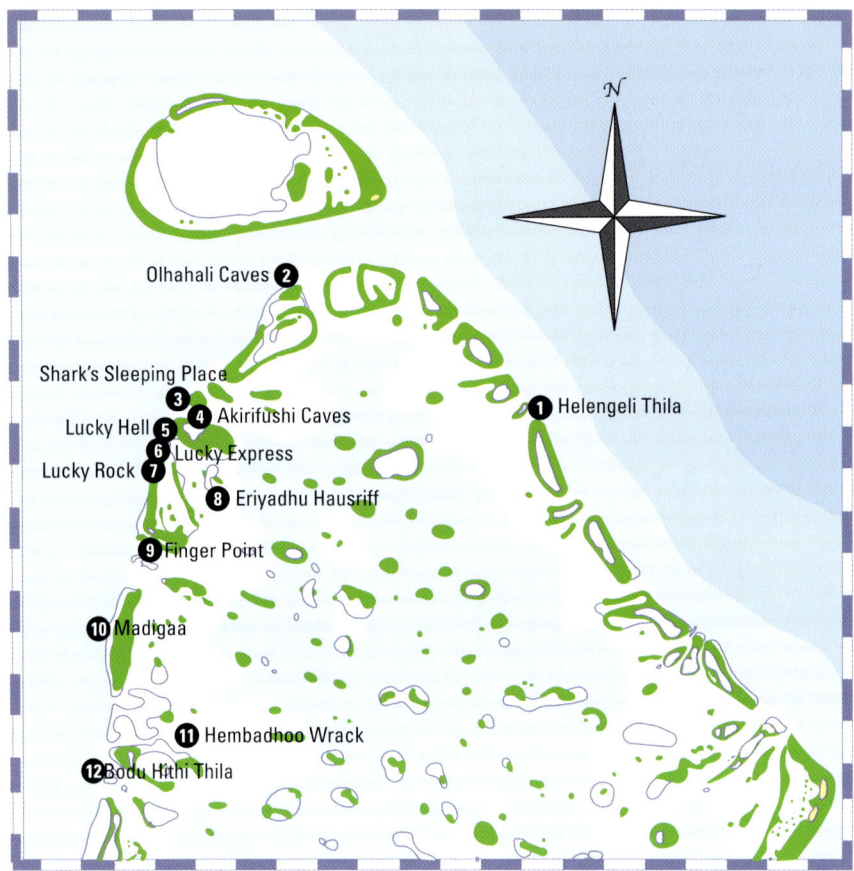

Nord-Nord-Male-Atoll

LEGENDE:		Wassertiefen in Metern	
Riffbereiche		1–10	
Steilabfälle Unterwasserfelsen		15	
Inseln		20	
Zielorte und Tauchplätze		25	
		30	

Nord-Male-Atoll

In diesem Atoll wurde 1972 das erste Touristenressort auf Kurumba errichtet. Das Atoll beherbergt die Hauptstadt Male, den Regierungssitz der Malediven. Auch der Flughafen Hulule befindet sich gleich neben der Hauptinsel. Das Nord-Male-Atoll ist 69 Kilometer lang und an seiner breitesten Stelle 39 Kilometer weit. Neben 42 unbewohnten Inseln zählen 27 Touristenressorts und 8 einheimische Inseln zum Atoll. Die meisten Touristeninseln befinden sich im Südosten, wohingegen der nördliche Teil weniger touristisch erschlossen ist. Das Nord-Male-Atoll bildet zusammen mit dem Süd-Male-Atoll und Gaafaru administrativ eine Einheit, ist aber geografisch betrachtet eigenständig. Interessante Tauchgebiete liegen vor allem im Südosten des Atolls. Kurze Anfahrtszeiten und erstklassige Tauchplätze wie zum Beispiel die Maldive Victory oder Lion's Head zeichnen diese Region aus. Auch der Westen ist touristisch gut erschlossen, aber er bietet nicht so viele Abwechslungen. Die Chance, Mantas zu sehen, ist während des Nordost-Monsuns besonders groß. Im Norden des Atolls gelangt man zu abgeschiedeneren Inseln wie zum Beispiel Eriyadu. Die Tauchreviere sind hier deutlich weniger als im Süden überfüllt. Neben Helengelia Thila und Finger Point gibt es zahlreiche »Hai-Lights«. Die Ostseite des Atolls ist vom Coral Bleaching deutlich weniger betroffen als die Westseite.

Inseln

Eriyadu
Klein aber fein. Im Norden des Nord-Male-Atoll gelegen, wird die Insel mit 55 Bungalows als Geheimtipp unter Familien gehandelt. An der Westseite des Atolls gelegen bietet sie mit ihrer abgeschiedenen Position ideale Bedingungen für Tauchen pur. Das Hausriff kann über 5 Einstiege erreicht werden. Über sie ist prinzipiell eine Umrundung der Insel möglich. Die Abschnitte zwischen den einzelnen Riffeinschnitten sind in 15–75 Minuten zurückzulegen. Neben dem Flaschenservice, der die Tauchgeräte zum gewünschten Einstieg bringt und auch wieder abholt, ist Tauchen 24 Stunden am Tag möglich. Alle bekannten Plätze im Nord-Male-Atoll sowie im nahe gelegenen Gaafaru-Atoll lassen sich ohne lange Anfahrtszeiten erreichen. Die abgelegene Lage sorgt für eine gewisse Exklusivität der Tauchplätze.
Die Tauchschule wird von Werner Lau betrieben. Das 1998 renovierte Gebäude liegt auf einem Steg, der in die Lagune ragt. Die moderne Ausstattung gewährlei-

stet auch in der Hochsaison, dass es nur selten zu Engpässen kommt. Die Vorrausetzungen sorgen für den hohen Anteil an Tauchern unter den Gästen. Bequem und ruhig geht es auf der kleinen 300 Meter langen und 100 Meter breiten Insel zu, die man bequem in 15 Minuten umrunden kann. Die 1998 vollständig renovierte Insel hat allerdings nichts von ihrem alten Charme verloren. Der 4-Sterne-Standard trägt zum entsprechenden Ambiente bei. Die Doppel- und Reihenbungalows sind ein wenig vom Strand zurückgesetzt und fügen sich harmonisch in die üppige Vegetation ein. Der breite Sandstrand ist immer wieder durch grüne Einschnitte unterbrochen und ermöglicht es jedem, seinen privaten Strand zu nutzen. Die seichte Lagune erfreut sich gerade unter den jüngeren Gästen einer großen Beliebtheit. Das Hotelmanagement legt einen Schwerpunkt auf die familiäre Atmosphäre. Baby-Sitting wird zwar offiziell nicht angeboten, eine Unterbringung für den Nachwuchs, während die Eltern tauchen, findet sich aber immer. Diese Tatsachen tragen zur hohen Rate von »Wiederholungstätern« bei.

Mittelpunkt der Insel bildet neben der Tauchschule das Freiluft-Restaurant. Neben Curry-Gerichten und frischen Meeresfrüchten ist die Küche auf die vornehmlich deutschen, englischen und österreichischen Gäste abgestimmt. Um das eine oder andere Gramm, welches sich beim Essen an den Hüften ansammelt, wieder loszuwerden, empfiehlt sich der anschließende Besuch auf dem Volleyball- oder Badmintonfeld. Für besonders Fitness-Süchtige steht ein eigener Kraftraum zur Verfügung. Nach Sonnenuntergang treffen sich die meisten Gäste in der kleinen Bar. Bereits beim zweiten Besuch erscheinen die meisten Gesichter vertraut. An den Tischen sitzen fast nur Taucher. Im Gegensatz zur Insel wird da so mancher Fisch im Verlauf des Abends immer größer.

Bandos

Noch heute zählt die 1972 eröffnete Insel zu den Klassikern. Die bereits sehr früh besiedelte Insel wurde schon 1602 vom Franzosen François Pirat, der ein Jahr zuvor auf den Malediven Schiffbruch erlitten hatte, erwähnt. Das 500 mal 400 Meter große Eiland verfügt inzwischen über 450 Betten. Abgesehen von 48 Suiten stehen 117 Doppel- und Reihenbungalows zur Verfügung. Neben der gehobenen Ausstattung der Zimmer verfügt die Insel über einen Süßwasserswimmingpool, drei Restaurants, einen Coffee-Shop und zwei Bars. Das internationale Publikum setzt sich aus Engländern, Deutschen und Japanern zusammen. Aufgrund der Nähe zum Flughafen übernachten hier häufig Crews für einige Nächte, eine Tatsache, die Bandos den spöttischen Namen »Stewardesseninsel« einbrachte. Gefeiert wird auf der Insel zum Teil heftig. Zweimal wöchentlich wird in der Disco Live-Musik gespielt. Für Familien mit Kindern steht zusätzlich ein Kinderhort bereit.

In Taucherkreisen wurde Bandos durch die Haifütterungen des deutschen Tauchlehrers Herwarth Voigtmann bekannt. Dabei hat die Insel weitaus mehr zu bieten als »Herwarths Hai-Zirkus«. Nahezu alle Tauchplätze im Süden des Nord-Male-

Atolls lassen sich von hier aus bequem erreichen. Das Hausriff bietet als zusätzliche Attraktion ein kleines Wrack. Die flache Lagune ist zum Schwimmen und Schnorcheln allerdings nur bedingt nutzbar. Wen das Tauchen nicht voll auslastet, der kann segeln, surfen, Squash und Tennis spielen oder in der Sauna relaxen.

Weit über die Grenzen des Atolls hinaus ist das Hyperbaric Treatment Center und die kleine Klinik auf Bandos bekannt. Die Kammer bietet in der Hauptkammer für 4 sowie in der Vorkammer für 2 Personen Platz. Für alle Behandlungsplätze sind Sauerstoffatemstellen vorhanden. Medizintechnisch bietet die Kammer ein Monitoringsystem und ein Beatmungsgerät. An Notfallequipment sind Beatmungsgerät, EKG-Defibrillatoreinheit, Notfallkoffer und Vakuummatratze vorhanden. Die Klinik kann zwei Patienten stationär aufnehmen. Neben einer umfangreichen Apotheke ist die Behandlung aller allgemeinmedizinischen Probleme möglich. Das Medical Center ist ganzjährig mit 2 deutschen Ärzten besetzt. Der Allgemeinarzt deckt die medizinische Grundversorgung der Touristen und Einheimischen ab, der Taucharzt ist für die Tauchunfallbehandlung zuständig. Die Ärzte stehen auf Anforderung bei allen Unfällen zur Verfügung und können zu den Patienten gebracht werden. Die Organisation des Medical Centers erfolgt von Deutschland aus.

Herzstück der Klinik auf Bandos ist die Druckkammer.

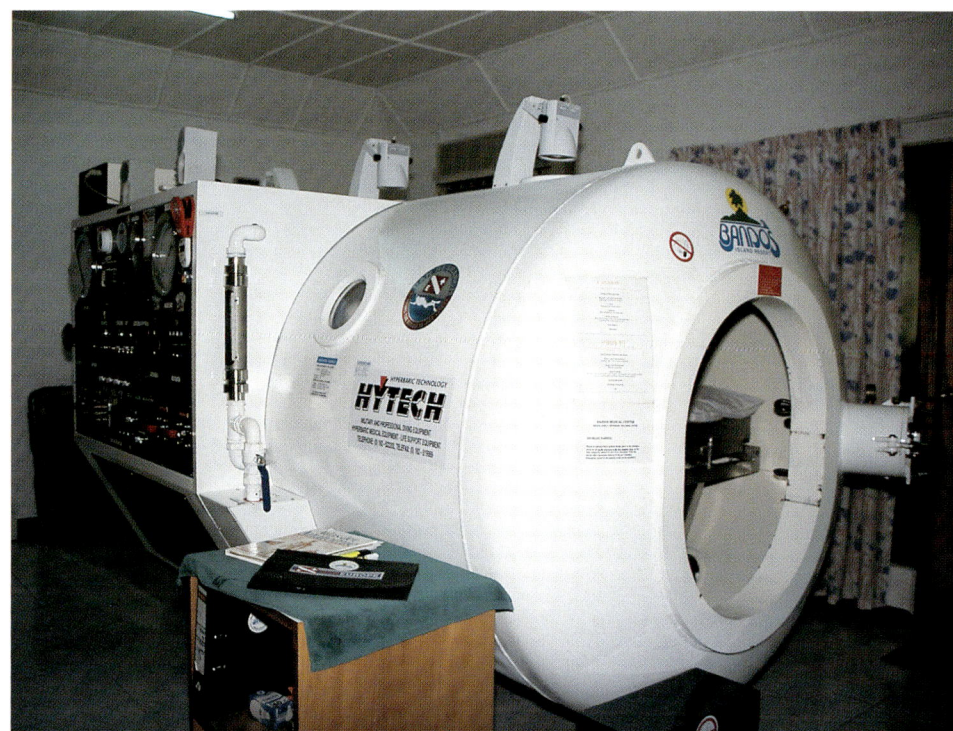

Flug über das Riff – Taucherin und Schildkröte.

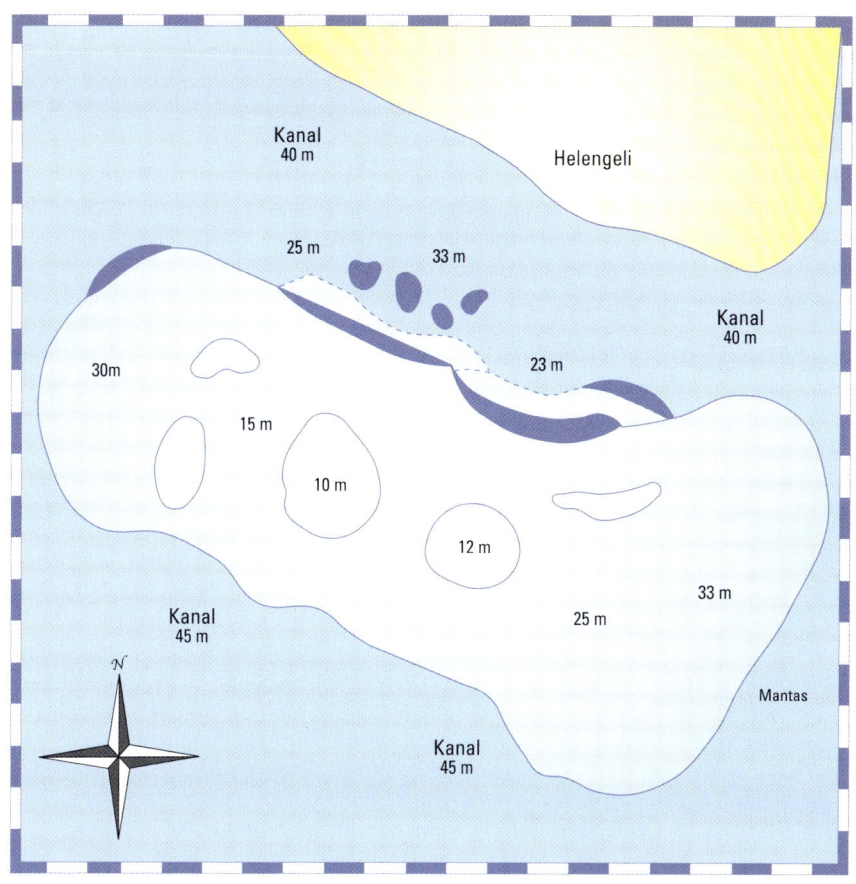

LEGENDE:

Riffbereiche

Steilabfälle
Unterwasserfelsen

Inseln

❶ ❷ Zielorte und
Tauchplätze

Wassertiefen in Metern

1–10

15

20

25

30

Tauchplätze

1. Helengeli Thila
Nur einen Steinwurf weit entfernt vom Hausriff von Helengeli liegt dieses circa 150 Meter lange Thila. Es zählt zu den schönsten Tauchplätzen im Nord-Male-Atoll. Als Kanal-Thila auf der Ostseite des Atolls war es vom Bleaching kaum betroffen. Das sich in Ostwest-Richtung erstreckende Riff erhebt sich aus dem 40 Meter tiefen Kanalboden und reicht bis 12 Meter unter die Wasseroberfläche. An der Nordseite liegen in 23 und 25 Meter 2 ca. 30 Meter lange Unterspülungen. Die Decken sind mit Krustenanemonen übersät. Parallel zur zweiten Unterspülung ragen in 33 Meter Tiefe 4 vorgelagerte Blöcke wie Obelisken auf, die einen Canyon zwischen sich und dem Thila bilden. Zahlreiche Gorgonien ragen hier ins offene Wasser. Ein Arrangement aus Weichkorallen überzieht die Wände und sorgt für Farbe. Am Südende der Unterspülungen liegt in 20 Meter Tiefe ein wunderschön bewachsener Anker. Vermutlich gehört er zur 1397 BRT großen »Swiss«, die am 29.5.1890 auf ihrer Fahrt von Pondicherry nach Marseille hier sank. Von dem Wrack fehlt ansonsten jede Spur. Im Freiwasser lassen sich Weißspitzenriffhaie, Barrakudas, Makrelen und bei starker Strömung auch Grauhaie beobachten. Mantas besuchen diese Unterwasseroase zwischen Mai und Dezember. Zum Austauchen sind die 2 größeren Blöcke auf dem Riffdach geeignet. Süßlippenschwärme und Großaugenschnapperschwärme halten sich hier auf. Neugierig werden die Taucher von den ortsansässigen Napoleons in Augenschein genommen. Mit ein bisschen Glück sind auch Schildkröten anzutreffen, die sich in den Spalten ausruhen. Aufgrund der starken Strömungen ist Helengeli Thila erfahrenen Tauchern vorbehalten.

2. Olhahali Caves
Die auch als Blaue Grotte bezeichnete Höhle liegt an der Nordseite von Olhahali. Wie auch bei Helengeli Thila ist der Tauchplatz aufgrund seiner exponierten Lage vom Bleaching nur wenig betroffen. Die Grotte bildet eine ca. 60 Meter lange Unterspülung in 24–27 Meter Tiefe. Sie beginnt unmittelbar hinter einer kleinen Ausbuchtung im Riff, der einige Korallenblöcke vorgelagert sind. Unmittelbar am Beginn der blauen Grotte hat die Strömung einen großen Sandberg zusammengeschoben. Die Passage zwischen dem Sandhügel und der hinteren Grottenwand ist sehr eng und sollte möglichst an der Außenseite erfolgen. Die Decke ist über und über mit weißen und blauen Weichkorallen bewachsen, die ihr ihren Zweitnamen einbrachten. Am Ende der Grotte ragt eine Nase ins offene Wasser. In 33 Meter Tiefe finden sich 2 weitere kleine Unterspülungen. Der Tauchgang führt von hier über die Nase in Richtung Süden auf die Insel zu.

In 12 Meter Tiefe erhebt sich hier ein großer Korallenblock, der zum Austauchen geeignet ist. Schwärme von Süßlippen und ein großer, standorttreuer Napoleon sind hier zu bewundern.

3. Shark's Sleeping Place
Dieser Tauchplatz liegt an der Südwestkante des Hausriffs von Akirifushi. Das flach abfallende Riff zieht sich mit zahlreichen Blöcken bis in eine Tiefe von 30 Meter. Auf ihr lassen sich häufig Barrakudas und Napoleonfische antreffen. Wie alle Kanalriffe auf der Westseite sind die Korallen in diesem Bereich vom Bleaching am meisten betroffen gewesen. Die Hauptattraktion bildet die Pyramide, ein aufragender Block, der sich terrassenförmig aus 20 Meter Tiefe erhebt und in 12 Meter endet. Zahlreiche Höhlen und Spalten beherbergen Soldatenfische, Großaugenbarsche und Süßlippen. Um den Block kreisen zwei riesige Schulen von Gelbstreifen und Kupferschnappern. Sie trugen dem Platz bei den Diveguides der benachbarten Tauchbasen den Beinamen Fischsuppe ein.

4. Akirifushi Caves
Die kleinen Höhlen liegen am Hausriff im Süden der Insel Akirifushi. An der Oberfläche lässt sich der Platz durch einen von der Riffkante herausragenden Felsbrocken erkennen, der an der Außenseite 150 Meter weiter westlich liegt. Das Riff fällt an dieser Stelle zwischen 3 und 25 Meter nahezu senkrecht ab. Zahlreiche Unterspülungen und Höhlen lockern die Wand auf. An ihren Decken wachsen gelbe und blaue Weichkorallen. An einigen Stellen wachsen Stachelpolypen. In den Höhlen lassen sich Muränen und Drachenköpfe entdecken. Auf der Sandfläche, die sich unterhalb der Steilwand in 25 Meter anschließt und die von einigen Korallenblöcken unterbrochen wird, ruhen häufig Stachelrochen.

5. Lucky Hell
Ebenso wie Lucky Express bietet dieser Platz Strömungstauchen vom Feinsten. Nur 15 Minuten von Eriyadu und einen Steinwurf weiter südlich wie von Lucky Express entfernt liegt dieser Tauchplatz. Vor dem Riff erstreckt sich in Ostwest-Richtung ein 200 Meter langes Thila. Der Kanal hat auf der Atollinnenseite eine Tiefe von 40 Meter und kommt bis auf 20 Meter herauf. Das Thila ist mit Tiefen von 25–12 Meter leicht zu betauchen. Zahlreiche Unterspülungen sorgen für eine abwechslungsreiche Landschaft. Das Riff ist überzogen mit roten, gelben und blauen Weichkorallen. Auf dem Riffdach sowie am westlichen Ende in 20 Meter finden sich zahlreiche Korallenblöcke. Bei starker Strömung sind hier Weißspitzenhaie anzutreffen.

6. Lucky Express
Bekannt ist das Kanalriff für seine Strömungstauchgänge. Der Name Express ist dabei Motto. Das 250 Meter lange Thila erstreckt sich in Ostwest-Richtung. Aus

30 Metern erheben sich mehrere Rücken bis auf 12 Meter. Lucky Express zeichnet sich durch eine Unterbrechung diese Rückens aus, die bis in 35 Meter reicht. In diesem Kessel kommt es zu einem Strömungswirbel, der von den lokalen Tauchschulen auch als Walze bezeichnet wird. Sie erzeugt zwischen den Riffen einen Gegenstrom, der nur in 12 Meter »übertaucht« werden kann. An den kleineren Korallenblöcken auf dem Riff im Osten und Westen lässt sich beim Austauchen so manches Kleinod entdecken, an dem man in den letzten 30 Minuten vorbeigeflogen ist.

7. Lucky Rock

Klein aber fein. Der nur 50 Meter lange Korallenblock liegt der Außenriffkante vorgelagert. Er ist einer der wenigen Tauchplätze, an denen geankert wird und an dem sich eine feste Ankerleine befindet. Das Riff erhebt sich aus 40 Meter Tiefe bis auf 12 Meter unter die Oberfläche. Das quadratische Riff zieht sich nach Südosten über einen schmalen Grad zu einer etwas tiefer gelegenen Riffkuppel in 20 Meter. Hauptattraktion ist der Tunnel. Er liegt an der Ostseite und reicht von 16 auf 23 Meter. Der 10 Meter lange und 2 Meter hohe Kanal wird von zahlreichen Korallen gesäumt. Im Lampenlicht huschen Glasfische und Soldatenfische dahin. Auf der Riffplatte lassen sich Riffbarsche, Muränen, Schnecken und Schwarmfische beobachten. An der Nordseite ist der Block in 19 Meter terrassenförmig eingeschnitten. Die Überhänge sind mit Gorgonien üppig bewachsen.

8. Eriyadu-Hausriff

Das Hausriff von Eriyadu ist ein typisches Innenriff. Dank der Organisation auf der Basis kann es 24 Stunden betaucht werden. Die 5 festen Einstiege, die durch Bojen markiert sind, liegen am Jetty, der Basis, in Höhe der Bungalows 153, 128 sowie 61. An Land stehen hier Tische, zu denen die Flaschen von der Basis gefahren und auch wieder abgeholt werden. Das Tragen der Flaschen entfällt somit. Die Insel kann vollständig umrundet werden, wobei die Tauchzeiten zwischen den Einstiegen unterschiedlich sind. So betragen sie zwischen dem Jetty und der Basis nur 15 Minuten, zwischen Basis und der 153 aufgrund der Lagune 75 Minuten. Das Bleaching hat vor allem im Bereich bis 15 Meter deutliche Spuren hinterlassen. Finden lässt sich mit ein wenig Geduld allerdings alles, was es auf den Malediven zu entdecken gibt. Einen Abstecher ist auf jeden Fall die Steilwand links und rechts des Einstieges 61 wert. An ihrem unteren Ende in 30 Meter lassen sich bei Nachttauchgängen meist Langusten antreffen.

Ein Jetty verbindet die Basis mit der Insel Eriyadu.

*Die blauen und weißen Weichkorallen gaben diesem Tauchplatz den Namen
Blaue Grotte.*

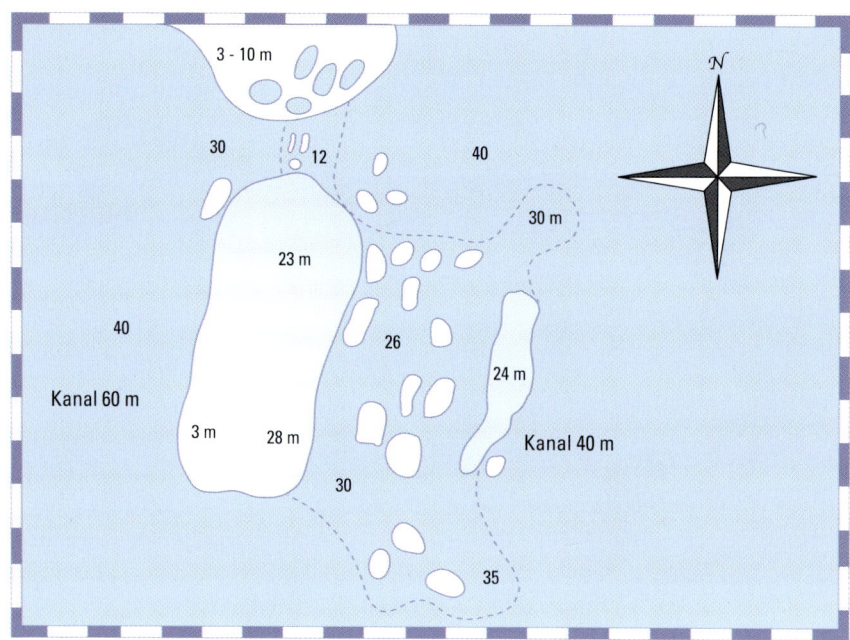

9. Kuda Thila (Finger Point)

Das 100 Meter lange Thila im Makunudhoo-Kanal zählt zu den Top-Tauchplätzen im Nord-Male-Atoll. Die exponierte Lage und die teilweise starken Strömungen stellen hohe Ansprüche an Taucher und Bootsmannschaft. Dafür gibt es »Hai-garantie«. Südlich des Riffdachs, das bis auf 3 Meter unter die Oberfläche kommt, schließt sich ein schmaler Sattel in 12 Meter an. Er fällt nach Osten und Westen auf 30 Meter ab und bildet den Übergang zum eigentlichen Thila, dessen Plateau auf 23–26 Meter liegt. Bei auswärtiger Strömung lassen sich zwischen Dezember und April am Sattel Weißspitzenhaie beobachten, die in der Strömung elegant ihre Bahnen ziehen. In den Monaten Mai bis November kommen bei Einwärts-strömung graue Riffhaie hinzu. Adlerrochen sind am Finger Point das ganze Jahr über anzutreffen. Mit dem Nordost-Monsun kommen als Überflieger Mantas hin-zu. Das Plateau ist mit wunderschönen Hart- und Weichkorallen besiedelt, die sich von der Strömung Nahrung zutragen lassen. Das Farbenspiel wird durch die zahlreichen Rifffische noch vergrößert. Süßlippen, Schnapper, Napoleons und Zackenbarsche schwimmen geschäftig und unbeeindruckt von der Strömung über die Riffplatte. An der Südostecke des Plateaus liegt in 30 Meter Tiefe ein schöner Überhang. Nach Osten schließt sich dem Thila eine vorgelagerte Platte in 26–30 Meter an. An den zahlreichen Korallenblöcken pulsiert das Unterwasserleben. Zwischen den Blöcken sind häufig große Stechrochen anzutreffen.

Überhänge kennzeichnen den unteren Abschnitt des Tunnels bei Lucky Rock.

Ein üppiger Weichkorallenbewachs findet sich an strömungsreichen Tauchplätzen.

10. Madigaa

Die Außenriffkante bildet über eine Länge von 5 Kilometern eine geschlossene Barriere gegenüber dem offenen Wasser. Über Wasser liegen auf ihr von Norden nach Süden die Inseln Ziyaaraifushi, Rethi Rah und Madivaru. Die Riffkante wird von drei Sandbuchten eingeschnitten, deren nördlichste Madigaa genannt wird. Die Übersetzung bedeutet so viel wie Mantaplatz. Die eleganten Planktonfresser sind während des Nordost-Monsuns zwischen Dezember und April hier regelmäßig anzutreffen. Die 150 Meter lange und 30 Meter tiefe Bucht ragt 50 Meter in das Riff hinein. Die Lage gewährleistet bei jedem Wetter Strömungsfreiheit. Der Sandgrund fällt von 15 auf 30 Meter Tiefe ab und geht dann in die Steilwand des Außenriffes über. Er wird von einigen großen Korallenblöcken unterbrochen. Die ansonsten trostlose Wüste wird von Weißspitzenriffhaien als Schlafstube genutzt. Tauchen Sie möglichst flach an die ruhenden Gesellen heran, da sie sonst sehr schnell die Flucht ergreifen. Auch Rochen lassen sich hier beobachten. Im offenen Wasser ziehen häufig Adlerrochen vorüber. An den Korallenblöcken finden sich kleinere Schwärme von Süßlippen und Soldatenfischen. Die Brandung hat die Korallen stark in Mitleidenschaft gezogen, und beim Austauchen sollte die etwas geschütztere Bucht im Nordosten genutzt werden.

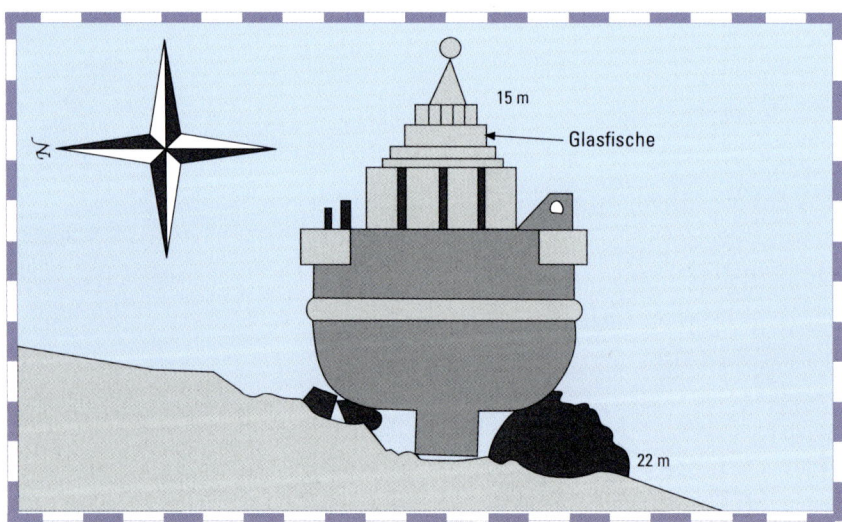

11. Hembadhoo-Wrack (Karte Seite 58)

Das Hausriff der Insel Hembbadhoo mit ihren schön anzuschauenden Wasser-bungalows hat nur wenig zu bieten. Die Sichtweiten sind in der Regel als schlecht zu bezeichnen, und die Korallenbleiche hat deutliche Spuren hinterlassen. Zur Steigerung der Attraktivität wurde deshalb 1988 von der Tauchbasis der Insel ein kleiner Hafenschlepper versenkt. Der 16 Meter lange Schlepper steht aufrecht in 22 Meter Tiefe auf dem Sandgrund. Die Aufbauten ragen bis in 15 Meter. Im Laufe der Jahre ist das Wrack zur Heimat zahlloser Fische geworden. Der Rumpf und die Aufbauten sind von Hart- und Weichkorallen überwuchert. Die Brücke, die von einem großen Glasfischschwarm bewohnt wird, und die Aufbauten lassen sich problemlos inspizieren. Der enge Maschinenraum hingegen sollte gemieden werden. Auf der Steuerbordseite unter dem Wrack hält sich oft ein kapitaler Zak-kenbarsch auf. In der Nähe des Schleppers kreist meist ein Makrelenschwarm, der die Taucher gleichmäßig umrundet. Einen Ausflug vom Wrack aus ist sicher-lich auch der nur 200 Meter entfernte Anlegesteg wert. Lippfische, Doktorfische und Stupsnasen-Pomanos bewohnen ihn und gehen unbeeindruckt von den blub-bernden unförmigen »Flaschenfischen« ihrem Tageswerk nach.

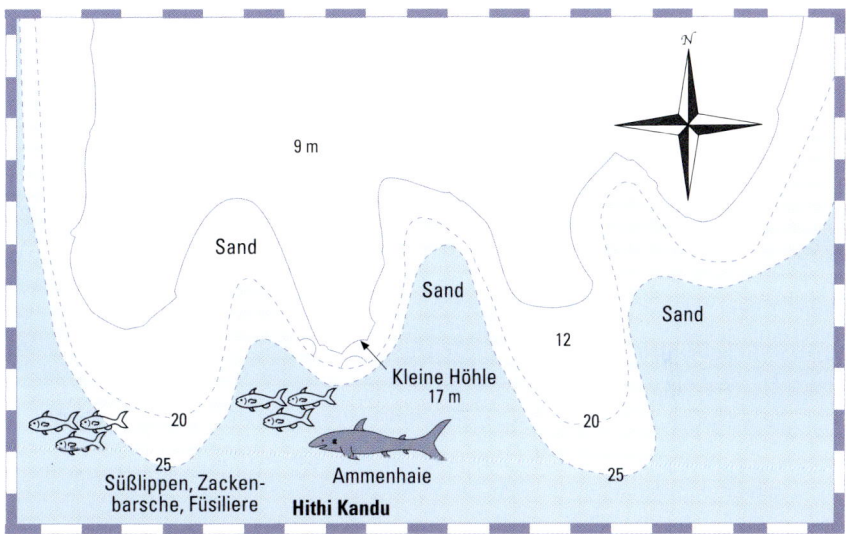

12. Bodu Hithi Thila

Das relativ große Thila liegt an der Außenriffkante ca. 3 Kilometer nordwestlich der Insel Boduhithi. Am häufigsten wird entlang der Südseite getaucht. Das Thila, das hier bis 9 Meter unter die Oberfläche reicht, wird von 3 sandigen Einschnitten

27 Colloseum

Potato Reef **26**
Rainbow Reef **25**

Barrakuda Giri **22** **23** Lankan Reef

Bandos Rock **22**

21 Furana Nord

Banana Reef **19** **20** Lankan Reef

13 Kuda Haa

15 Giravaru Caves

Moon Valley **14**

Lions Head **16** Kikki **17**
Reef **18** Maldive Victory

N

Süd-Nord-Male-Atoll

LEGENDE:

Riffbereiche

Steilabfälle
Unterwasserfelsen

Inseln

1 **2** Zielorte und
Tauchplätze

Wassertiefen in Metern

1–10

15

20

25

30

geprägt. Sie beginnen in 15 Meter Tiefe und ziehen sich bis auf 25 Meter. Das relativ kahle Riff ist von blauen und gelben Weichkorallen bewachsen. An der mittleren Riffzunge findet sich in 17 Meter Tiefe eine kleine Höhle, die häufig von Ammenhaien zur Übernachtung gewählt wird. Bei Strömung stehen entlang der Riffwand Süßlippen, Zackenbarsche und größere Schulen von Füsilieren. Zwischen Dezember und April sind hier regelmäßig Walhaie und Mantas anzutreffen.

13. Kuda Haa

Dieses als Naturschutzgebiet ausgewiesene Thila befindet sich im Nordwesten von Giraavaru. Wie 2 Nadeln ragen die Korallenfelsen in die Höhe. Die eine bis 14, die andere bis 6 Meter unter die Wasseroberfläche. Die Fischvielfalt ist besonders groß. Schulen von Blaustreifenschnappern halten sich im Freiwasser auf. Zwischen den Korallen sind Feilenfische, Büschelbarsche und Drachenköpfe zu beobachten. Riffbarsche kommen in großer Zahl vor. Die ansonsten eher einheitliche Felsformation hat ein paar Besonderheiten. Am Nordende des Thilas liegt in etwa 30 Meter Tiefe eine kleine Höhle, in der schwarze Korallen wachsen. Auf der Westseite noch etwas tiefer in ca. 35 Meter ist ein Felsvorsprung auszumachen, an dem sich meist große Zackenbarsche aufhalten. Das Riff bietet nicht viel Schutz gegen die Strömung, so dass es unter Umständen nicht zu betauchen ist.

14. Moon Valley

Ein ganz besonderer Tauchplatz im Nord-Male-Atoll, nordwestlich von Giravaru am Außenriff gelegen und einer der interessantesten Tauchplätze in dieser Gegend. Der Name rührt von einer Sandarena in geringer Tiefe, auf der ähnlich einer Mondlandschaft außer Sand und ein paar Röhrenaalen kein Bewohner anzutreffen ist. Manchmal verirren sich allerdings der eine oder andere Stachelrochen oder einige Meerbarben in diese Einöde, um im Sand nach Nahrung zu suchen. Die Umgebung der Sandarena ist allerdings alles andere als öde. An dem steilen Riffabhang, der sich vor und hinter der Arena anschließt, ist eine abwechslungsreiche Unterwasserflora und -fauna anzutreffen. Schwämme, Hydozoenkolonien, Seescheiden und Spiralfederwürmer sowie Blaustreifenschnapper, Buckelschnapper, orientalische und gepunktete Süßlippen sorgen für Farbe unter Wasser. Zu beachten ist, dass im Freiwasser ausgetaucht werden muss, da das betauchbare Riffdach nur bis etwa 9 Meter reicht.

15. Giravaru Caves

Am südlichen Rand des Nord-Male-Atolls liegt dieses Riff. Es ist ein lang gezogenes Außenriff am Vaadhoo Kanal. Das Dach reicht fast bis an die Oberfläche. Direkt unterhalb der Riffkante erstrecken sich teilweise sehr große Überhänge mit Weich- und Lederkorallen, Kelchkorallen, Schwämmen und anderen wirbellosen Tieren. Zackenbarsche und Soldatenfische sowie zahlreiche Riffbarsche, Schmetterlings- und Falterfische kann man häufig antreffen. Die Überhänge rei-

Erst auf den zweiten Blick ist der gut getarnte Anglerfisch zu erkennen.

Weichkorallen aus der Gattung Dendronephthya *können die unterschiedlichsten Farben aufweisen.*

Eine der Hauptattraktionen der Insel Hembadhoo bildet der alte Schlepper.

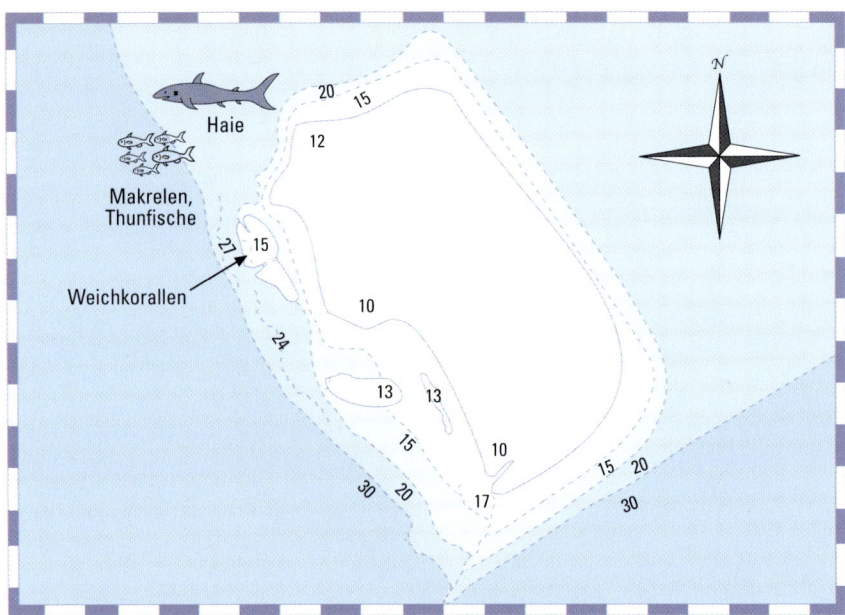

chen bis in mehr als 30 Meter Tiefe und sind teilweise wie Terrassen gestaltet. Peitschenkorallen und schwarze Korallen sind hier am Riff zu sehen. Ein Tauchplatz, der für jedermann geeignet ist und auch bei Strömung betaucht werden kann.

16. Lions Head

Dieser Tauchplatz liegt am Vaadhoo-Kanal im Süden des Nord-Male-Atolls. Es handelt sich um einen auffallenden Korallenvorsprung in etwa 10 Meter Tiefe. Von hier aus haben die Taucher einen Logenplatz, um graue Riffhaie zu beobachten, die sich aufgrund des permanenten Wasseraustausches an dieser Stelle gerne aufhalten. In der Vergangenheit wurden die Haie an diesem Platz gefüttert, eine Praxis, die heute nicht mehr üblich ist. Dennoch sind hier die eleganten Räuber immer noch an die Menschen gewöhnt. Aufgrund des Revierverhaltens sollte man auf Warnzeichen der Tiere wie zum Beispiel Buckeln, nach unten gespreizte Brustflossen oder hektisches Schwimmen achten. Denn dann ist der Rückzug angesagt, und der Tauchgang sollte beendet werden. Östlich des Vorsprunges befinden sich zahlreiche Überhänge im 20–25 Meter Bereich. Aber auch dicht unter der Oberfläche finden sich kleinere Überhänge, unter denen sich nicht selten Langusten aufhalten. Korallen, bunte Schwämme, Anemonen und manchmal auch ein Oktopus besiedeln das Riff. Die Lage am Außenriff sorgt häufig für fantastische Sichtverhältnisse. Ein interessanter, vielseitiger Tauchplatz, an dem des öfteren Haie und Adlerrochen zu sehen sind.

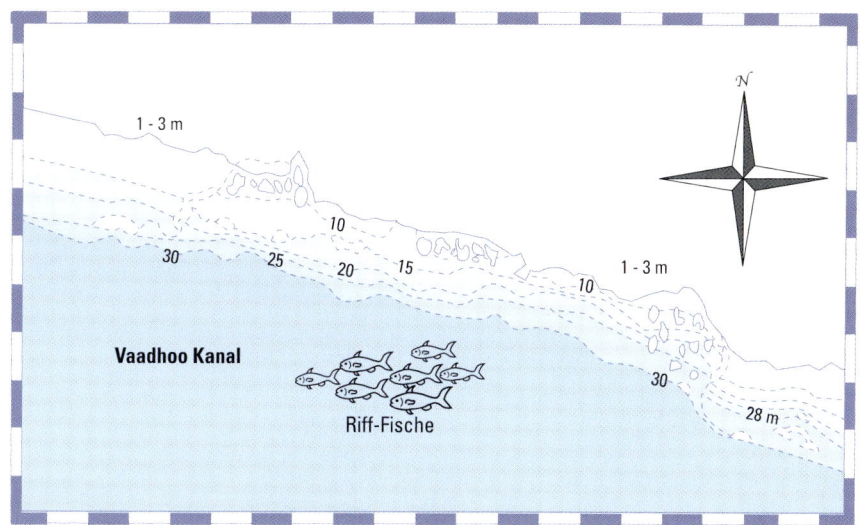

17. Kikki Reef

Dieser Tauchplatz wird auch Hans-Hass-Platz genannt und ist Naturschutzgebiet. Kikki Reef ist ein Außenriff und liegt am Vaadhoo-Kanal. Der Abhang ist steil und fällt in große Tiefen ab. Das Riff ist sehr schön mit unterschiedlichen Weich- und Lederkorallen sowie Schwämmen, Anemonen und Seescheiden bewachsen. Man muss sich allerdings Zeit nehmen und genau hinschauen, um all diese interessanten Kleinigkeiten zu entdecken. Besonders beeindruckend sind die zahlreichen in unterschiedlichen Tiefen vorkommenden Überhänge, die die Attraktivität ausmachen. Da das Riff am Vaadhoo-Kanal liegt, ist die Wahrscheinlichkeit, auf Großfische wie Haie, Barrakudas oder Tunfische zu treffen, relativ groß. Eine Garantie gibt es natürlich nicht.

18. Maldive Victory

Das 82 Meter lange Schiff war auf der Fahrt von Singapore nach Male, als es im Februar 1981 die südöstliche Kante der Flughafeninsel Hulule rammte und innerhalb kurzer Zeit sank. Zur Ladung gehörten große Mengen Whisky-, Brandy- und Ginflaschen, Nahrungsmittel, Fahrräder, zwei Autos sowie Zementsäcke. Das meiste davon war für die Touristenresorts bestimmt. Nach dem Untergang wurde die gesamte Fracht geborgen, so dass sich den Tauchern heute ein eigentümlich leeres Schiff bietet. Die Maldive Victory ist seither ein begehrter Tauchplatz. Strömung und Tiefe stellen allerdings entsprechende Anforderungen an das taucherische Können. Der Frachter steht mit seinem Kiel in etwa 32 Meter Tiefe leicht geneigt im Sand. Das Hauptdeck befindet sich in 25 Meter Tiefe. Die drei offenen Laderäume können problemlos betaucht werden. Die Brücke liegt auf 18

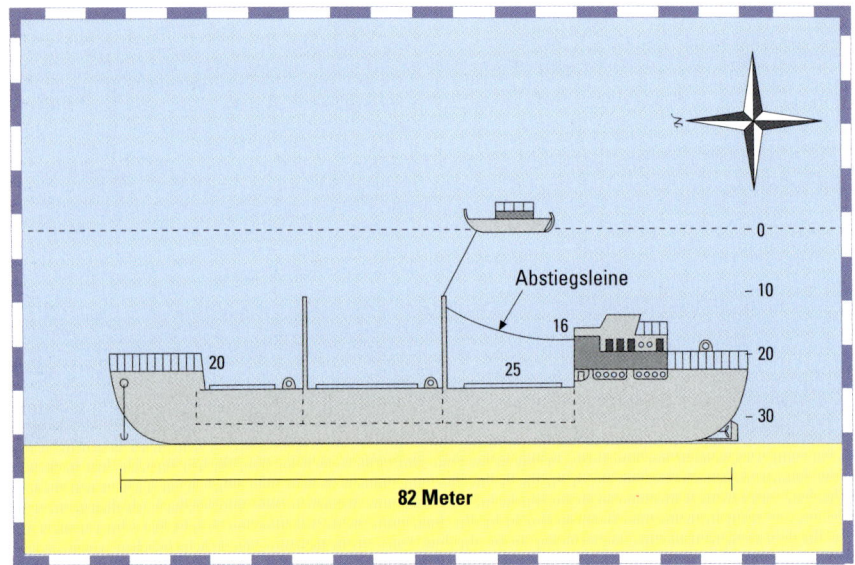

Meter. Ein Lademast, der beim Abstieg als Leitlinie dient, reicht bis etwa 8 Meter unter die Wasseroberfläche. Üblicherweise wird an einer Boje festgemacht und an einem Seil abgetaucht. Gerade bei starker Strömung ist dies besonders hilfreich. Wenn man die Laderäume oder das Achterschiff mit seinen Aufbauten erkunden will, müssen unbedingt Zeit und Tiefe im Auge behalten werden, um die Gefahr eines Deko-Tauchgangs zu vermeiden.

19. Banana Reef

Dieses Naturschutzgebiet ist eines von inzwischen 25, die es auf den Malediven gibt. Am interessantesten ist die Nordostseite, an der Korallenblöcke und unendlich viele Fische zu sehen sind. In etwa 20 Meter Tiefe liegen einige große Korallenbrocken, die teilweise bis auf 12–14 Meter ragen. Man kann zwischen ihnen wie durch einen Canyon tauchen. Im weiteren Verlauf finden sich immer wieder größere und kleinere Korallenbrocken, zwischen denen sich Plateaus befinden. Die Brocken sind mit vielen Weichkorallen und anderen wirbellosen Tieren bewachsen. Eine unglaublich große Vielfalt an Arten und Farben öffnet sich dem Blick. Zahlreiche Fische, unter ihnen Fahnenbarsche, Kaninchenfische und Feuerfische besiedeln in bunter Farbenpracht das Riff. Auch Schwarmfische wie Füsiliere halten sich an diesem Platz auf. Makrelen und Tunfische ziehen auf der Suche nach Beute an den Tauchern vorbei. Im Westen befindet sich schließlich ein sehr großer Überhang, der mit Kelchkorallen, Schwämmen und Weichkorallen bewachsen ist. Ein Schwarm Blaustreifenschnapper hält sich ebenso wie zahlreiche

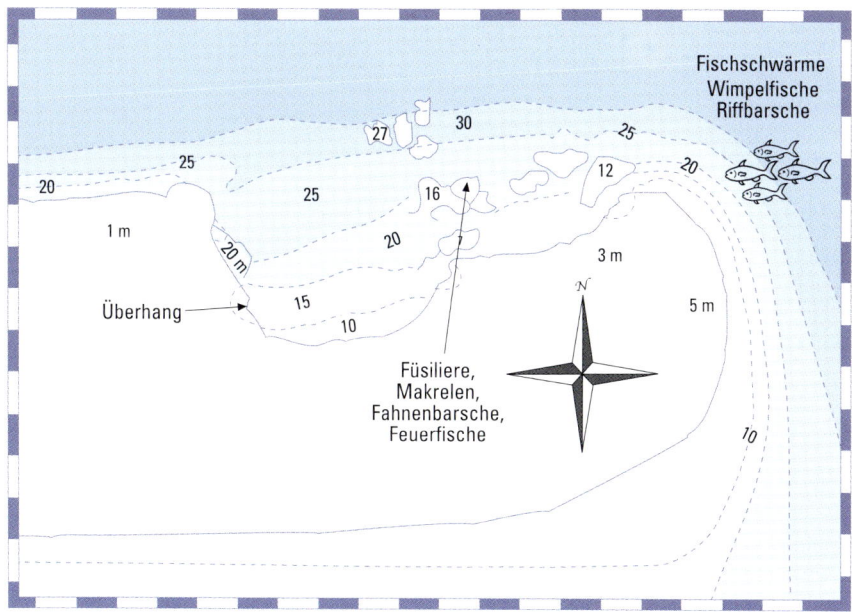

Soldatenfische im Schutz des Überhanges auf. Der Tauchplatz ist für Anfänger und Fortgeschrittene geeignet, allerdings nur bei wenig Strömung zu betauchen.

20. Furana South

Das Riff liegt etwa 30 Minuten entfernt in südlicher Richtung von Bandos. Es ist besonders für Strömungstauchgänge geeignet. Das Riff fällt schräg auf etwa 20 Meter ab und ist vor allem durch das Zusammentreffen von Weichkorallen, Lederkorallen und Feuerkorallen gekennzeichnet. Die Fischvielfalt erscheint hier am Riffabhang unerschöpflich, denn man kann von Wächtergrundeln bis hin zum Napoleon alle möglichen Arten sehen. Auch Mantas und Walhaie sind des Öfteren anzutreffen. Fahnenbarsche besiedeln in großen Schwärmen das Riff. Rotzahndrücker treten ebenso in großer Zahl auf. Dazwischen sind Falterfische wie der gebänderte Falterfisch oder der Pfauenaugendoktorfisch, verschiedene Arten von Lippfischen, Kugelfische oder Füsilierschwärme. Furana South ist ein leicht zu betauchendes Riff und damit auch für Anfänger geeignet.

Ein Kugelfisch auf Beutesuche.

Leopard-Prachtschnecke.

Tagsüber verbirgt sich der Großaugenbarsch gewöhnlich in Höhlen.

Makrelenschwarm.

21. Furana Nord

Das Außenriff liegt am Südostrand des Nord-Male-Atolls. Bei einlaufender Strömung beginnt der Tauchgang an der Ostseite von Fullmoon und führt am Riffabhang entlang auf die Nordseite der Insel. Hier liegt ein weiteres interessantes Thila, dessen Riffdach bis auf etwa 8 Meter reicht. Zu bestimmten Jahreszeiten kommen Mantas an dieses Riff, aber auch Ammenhaie, Adlerrochen und manchmal sogar Walhaie können an diesem Platz zu Gast sein. An der Südwestseite des Thilas befinden sich in etwa 20 Meter Wassertiefe einige Überhänge, die mit üppiger und abwechslungsreicher Vegetation bewachsen sind. Eine bunte Fischvielfalt und jede Menge Kleinigkeiten gibt es zu entdecken. Ein durchaus sehenswerter Tauchplatz, der für allerlei Überraschungen gut ist.

22. Bandos Rock

Auf der Westseite von Bandos bildet das Hausriff ein drop off. Nach nur wenigen Minuten Fahrt mit dem Tauchboot halb um die Insel beginnt der Tauchgang je nach Strömungsrichtung an diesem steil abfallenden Teil des Riffs. Bandos Rock bezeichnet einen Korallenblock, der wie eine Säule in die Höhe ragt. Wunderschön mit Weichkorallen bewachsen bietet dieser Tauchplatz noch zahlreiche interessante Überhänge und eine große Vielfalt an Fischen und wirbellosen Tieren. Es empfiehlt sich, eine Lampe mitzunehmen, um in den Überhängen die bunte Farbenpracht sichtbar zu machen. Schildkröten, Napoleone und manchmal sogar Mantas können hier beobachtet werden.

23. Barracuda Giri

Dieses Riff liegt in nördlicher Richtung von Bandos und ist in etwa 15 Minuten zu erreichen. Es ist einer der wenigen Tauchplätze, an denen mit einem Seil festgemacht wird. Dadurch ist ein sicherer Ab- und Aufstieg gewährleistet, was den Tauchplatz auch für nicht so geübte Taucher geeignet macht. Eine Vielzahl von Überhängen charakterisiert diesen Platz, der rundherum betaucht werden kann. Das Riffdach liegt auf 10 bis 12 Meter. Schon beim Abtauchen kommen den Tauchern neugierige Vlaming's Nasendoktorfische entgegen. Haie, Stachelmakrelen und Barrakudas sind häufig anzutreffen. Gebänderte Falterfische, Wimpelfische, Halfterfische, Imperatorkaiserfische und Diademkaiserfische sowie Riffbarsche in großer Zahl gehören auch hier zu den Bewohnern. Unter den Überhängen trifft man auf Soldatenfische, die im Schutz der Dunkelheit den Tag verbringen. An wirbellosen Tieren fallen in erster Linie die wunderschönen Weichkorallen auf, die das Riff rundherum besiedeln. Daneben gibt es eine Reihe von Lederkorallen, Hornkorallen und schwarzen Korallen. Das geübte Auge kann hier und da auch Nacktschnecken auf den Korallenblöcken entdecken. An manchen Stellen sind fadenziehende Algen zu sehen, die die ausgebleichten Korallen überwachsen. Insgesamt betrachtet ist das Barracuda Giri ein in gutem Zustand befindliches Riff, das abwechslungsreiche und außergewöhnliche Unterhaltung bietet.

24. Lankan Reef

Auf der Außenseite des Atolls östlich von Bandos liegt etwa 40 Minuten mit dem Dhoni entfernt das Lankan Reef. Paradise Island (Lankanfinolhu) ist die Insel, von der es umgeben wird. Je nach Strömungsrichtung beginnt man den Tauchgang von Westen nach Osten oder umgekehrt. Das Riffdach liegt bei 10 Meter Wassertiefe und wird in Richtung Insel immer flacher. Im Bereich zwischen 9 und 15 Meter befinden sich viele schön bewachsene Korallenblöcke mit zahlreichen kleineren Überhängen und Verstecken für Fische. Es lohnt sich daher durchaus, eine Lampe mitzunehmen. Der weitere Riffabhang ist leicht abfallend und reicht auf mehr als 30 Meter Tiefe. Zahlreiche Schwämme und andere wirbellose Tiere sind hier zu sehen sowie verschiedene Arten von Doktorfischen, Zacken- und Juwelenbarschen. Die Vlaming's Nasendoktorfische sind wie überall auf den Malediven wenig scheu und »baden« auch ganz gerne mal in den aufsteigenden Luftblasen der Taucher. Am Lankan Reef gibt es eine Manta-Putzerstation. In etwa 10 Meter Tiefe befinden sich Korallenblöcke, die die Mantas regelmäßig aufsuchen, um sich einer Ganzreinigung unterziehen zu lassen.

25. Rainbow Reef

Das zwischen Himmafushi und Thaburudhoo gelegene Rainbow Giri ist ein wunderschönes Riff im Nord-Male-Atoll. 45 Minuten von Bandos entfernt, erstreckt es sich etwa in Nordsüd-Richtung. Getaucht wird vorzugsweise auf der Westseite. Hier eröffnen sich dem Taucher ein wunderschöner Korallengarten, zahlreiche Überhänge mit Weichkorallen in verschiedenen Färbungen und mit unterschiedlichsten Fischarten. Dickkopfmakrelen und auch Thunfische gehen auf Jagd nach Schwarmfischen wie zum Beispiel Füsilieren, die zahlreich anzutreffen sind. Fahnenbarsche leben hier in großer Zahl. An Korallen fällt vor allem *Tubastrea micrantha*, die braune Zäpfchenkoralle, auf. Unter den Überhängen kommt neben den Weichkorallen auch die gelbe Zäpfchenkoralle vor. Dieser Tauchplatz ist für Anfänger eher ungeeignet, da das Riffdach erst bei etwa 12 Meter beginnt und die Strömung meistens mittel bis stark ist.

26. Potato Reef

Dieses Riff ist einfach zu betauchen. Je nach Geschwindigkeit ist es in 60 Minuten mehrmals zu umrunden. Das Besondere sind zwei Geistermuränen und viele zum Teil recht große Rotfeuerfische. Daneben sind Muränen in allen Größen anzutreffen. Das Riffdach liegt auf 3–5 Meter, der Abhang ist schräg abfallend auf etwa 20 Meter. Dort beginnt Sandboden, wo bei vorsichtiger Annäherung Röhrenaale zu sehen sind. Zum Teil ist aber auch viel Korallenschutt das einzig »Sehenswerte«. Schwarmfische wie Füsiliere oder Fahnenbarsche sind neben Husarenfischen, Riesendrückern oder Meerbarben zu beobachten. Auch wirbellose Tiere wie Schwämme, Nacktschnecken oder Seescheiden sind hier beheimatet.

27. Kolosseum

An der Südseite von Thulusdhoo liegt in 24 Meter Tiefe ein eng umgrenzter und interessanter Bereich, der es wert ist, betaucht zu werden. Über eine Länge von etwa 40 Meter und eine Höhe von 2 Meter formiert sich halbkreisförmig das Kolosseum am Außenriff des Nord-Male-Atolls. Bei einlaufender Strömung kann sich hier ein Schauspiel besonderer Art bieten. Barrakudas, Makrelen, Haie, Adlerrochen und andere Fische des Freiwassers ziehen imposant vorüber. Schwarmfische wie zum Beispiel Füsiliere bieten einen faszinierenden Anblick. Weichkorallen überziehen den Riffabhang, der in den Kanal führt. Den Tauchgang beginnt man bei einlaufender Strömung am Außenriff, taucht bis in 20–25 Meter ab und lässt sich auf das Kolosseum zutreiben. Die Aufenthaltsdauer an diesem besonderen Platz variiert je nach Luftvorrat und Strömungsstärke. Der Tauchgang kann problemlos im Kanal am Riff beendet werden.

Nur mit Glück anzutreffen: Hammerhaie.

Die üppige Vegetation beginnt unmittelbar an der Wasserkante.

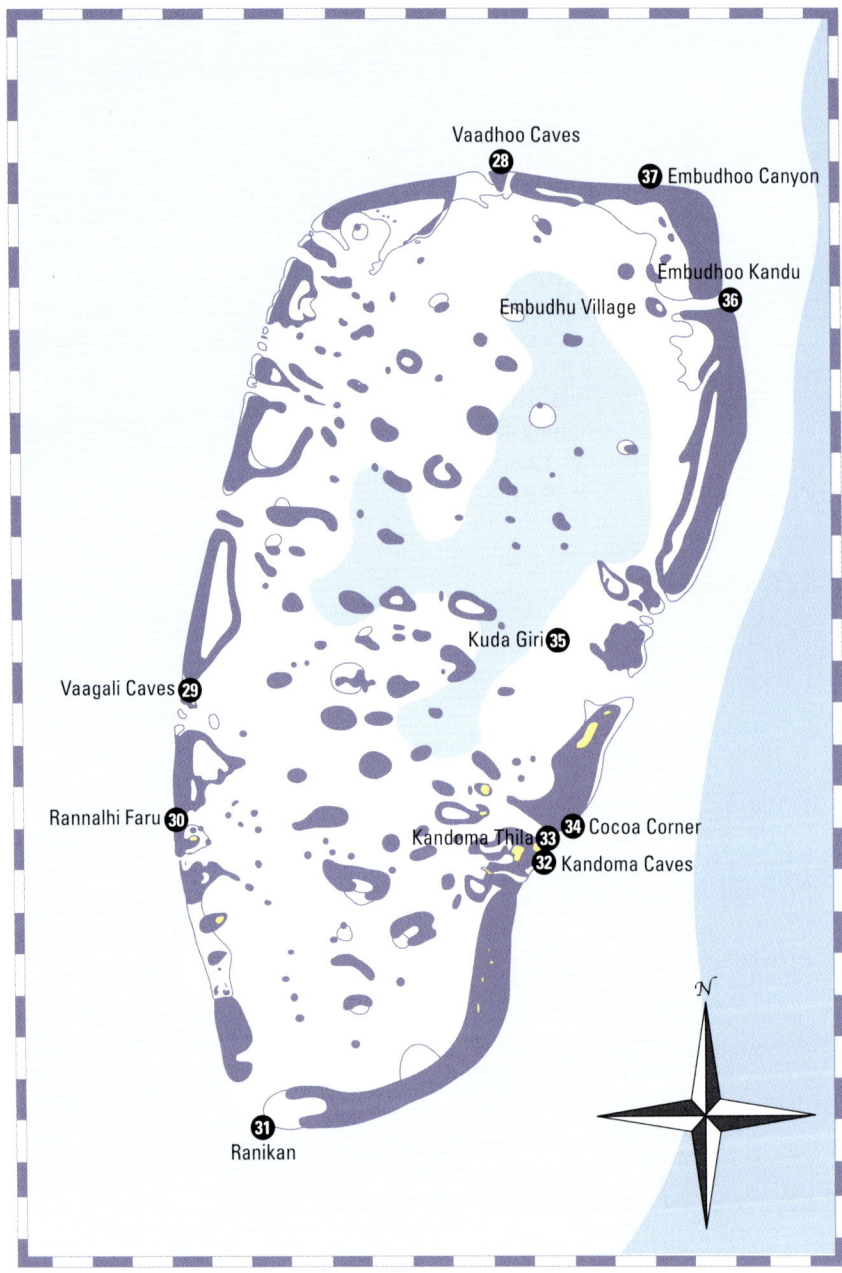

Vaadhoo Caves **28**

37 Embudhoo Canyon

Embudhoo Kandu **36**

Embudhu Village

Kuda Giri **35**

Vaagali Caves **29**

Rannalhi Faru **30**

Kandoma Thila **33** **34** Cocoa Corner

32 Kandoma Caves

31
Ranikan

N

Süd-Male-Atoll

Dieses Atoll ist 36 Kilometer lang und 19 Kilometer breit. Es liegt südlich vom Nord-Male-Atoll, getrennt durch den Vaadhoo-Kanal. Von den insgesamt 30 Inseln sind nur 3 von Einheimischen bewohnt, 17 werden als Touristenressorts genutzt und 11 sind unbewohnt. Der Norden und insbesondere der Osten sind vom Tourismus erschlossen, während sich im Westen und Süden nur einige wenige Touristeninseln befinden. Von den Inseln im Norden aus sind die umliegenden Tauchreviere am Vaadhoo-Kanal in kurzer Zeit zu erreichen, und selbst Tauchplätze im Nord-Male-Atoll werden teilweise angefahren. Im Nordosten, nur wenige Minuten von Embudhoo Village entfernt, befindet sich der bekannte und beliebte Embudhoo-Express. Hier herrscht meist sehr starke Strömung, und man kann unvergessliche Strömungstauchgänge machen. Der Osten wird am häufigsten von Tauchern besucht. Nahe der Insel Dhigufinolhu wurde 1988 der Frachter »Vila Dighu«, der ehemals unter malediwischer Flagge fuhr, als Kuda-Giri-Wrack versenkt. Etwas weiter südlich um Cocoa und Kandoma gibt es einige Tauchplätze, die für Höhlenliebhaber interessant sind. Der Westen ist zwar auch sehr schön, aber im Gegensatz zu den anderen Gebieten des Süd-Male-Atolls weniger interessant. Ganz im Süden, am Eingang zum Hathikolhu-Kanal, gibt es einen Tauchplatz nahe Rihiveli, an dem Hammerhaie gesehen wurden.

Tauchinsel

Embudhoo
Die ovale Insel mit einer Größe von 380 mal 240 Meter liegt im Westen des Süd-Male-Atolls direkt am Wadu-Kanal. Mit dem Speedboot ist sie vom Flughafen aus in etwa 45 Minuten zu erreichen. Das Ressort wurde 1979 eröffnet und 1997 renoviert. 124 Zimmer sind als Reihen- und Stelzenbungalows in unterschiedlichen Kategorien angelegt. Die Standard-Zimmer verfügen über eine Süßwasserdusche, Deckenventilator, Moskitonetz und Terrasse. Die Superior-Zimmer sind darüber hinaus mit Klimaanlage, Telefon und Kühlschrank ausgestattet. Es gibt außerdem Wasserbungalows, die der 4-Sterne Kategorie entsprechen. Sie sind komfortabel und haben zusätzlich eine Badewanne, Fernsehen, Safe und Glasfenster im Boden. Zu buchen sind entweder Halbpension, Vollpension oder all inclusive. Neben einem Open-Air-Restaurant, Coffee-Shop und Bar befinden sich ein Souvenirgeschäft, eine Surfschule sowie eine unter deutscher Leitung stehende Tauchbasis auf der Insel. Das Hausriff von Embudhoo ist direkt von der Insel aus betauchbar. An ihm liegen zwei Wracks, die eigens für Taucher versenkt wurden. Neben den Tauchplätzen des Süd-Male-Atolls werden auch die südlichen Plätze des Nord-Male-Atolls angefahren.

Traummotiv für Fotografen: Taucher und Gorgonie.

Tauchplätze

28. Vaadhoo Caves

Am Außenrand des nördlichen Süd-Male-Atolls finden sich die Vaadhoo Caves. Aneinander gereiht wie die Perlen einer Kette liegen die Höhlen und Überhänge. Ein Tauchgang kann beispielsweise im Nordwesten in einer großen Höhle beginnen, die sich von 7–25 Metern Tiefe ausdehnt. Von hier aus weiter in östlicher Richtung folgen weitere Höhlen und Überhänge in verschiedenen Tiefen. Der Boden der Höhlen ist meist mit Sand bedeckt und ein idealer Aufenthalts- und Rastplatz für Stachelrochen. Auch Schildkröten und Ammenhaie sind hier immer wieder zu Gast. Die besondere Lage am Vaadhoo-Kanal spricht für seinen Fischreichtum mit Haien, Rochen und Barrakudaschwärmen und die meist guten Sichtverhältnisse.

29. Vaagali Caves

An der Ostseite des Süd-Male-Atolls liegt die Touristeninsel Vaagali. Nur wenige Minuten entfernt an der Nordseite der Insel ist es möglich, einen sehr schönen Strömungstauchgang zu machen. In Tiefen zwischen 10 und 20 Meter finden sich zahlreiche Höhlen und Überhänge mit buntem Bewuchs von verschiedenen Schwammarten, und auch schwarze Korallen wachsen an dieser Stelle. Süßlippen, Schnapper sowie Drückerfische und Riffbarsche bevölkern das Riff. In den Überhängen halten sich Soldatenfische und andere dämmerungs- und nachtaktive Tiere auf. Der Tauchplatz ist leicht zu betauchen, da man sich je nach Strömungsrichtung entweder von West nach Ost oder umgekehrt am Abhang entlang treiben lassen kann.

30. Rannalhi Faru

Hinsichtlich der Fischvielfalt ist der Tauchplatz an der Nordseite der Touristeninsel Rannalhi wenig spektakulär. Die Unterwasserlandschaft ist jedoch einen Besuch wert. In Tiefen zwischen 3 und 30 Meter sind es neben Muränen und manchmal Haien insbesondere die Kleinigkeiten wie Schwämme oder Nacktschnecken die Aufmerksamkeit erregen. Der Tauchgang verläuft zunächst an der Nordseite des Riffes, macht dann aber eine Wendung nach Süden und öffnet den Blick über einen weiten Bereich, der zwischen 10 und 16 Meter Tiefe einzelne Sandflächen ausweist. Der Tauchplatz zählt zwar nicht zu den Highlights der Malediven, aber für das geschulte Auge gibt es jede Menge zu entdecken. Für Anfänger ist es problemlos, an diesem Faru zu tauchen, und auch als Einstieg nach einer längeren Tauchpause geeignet.

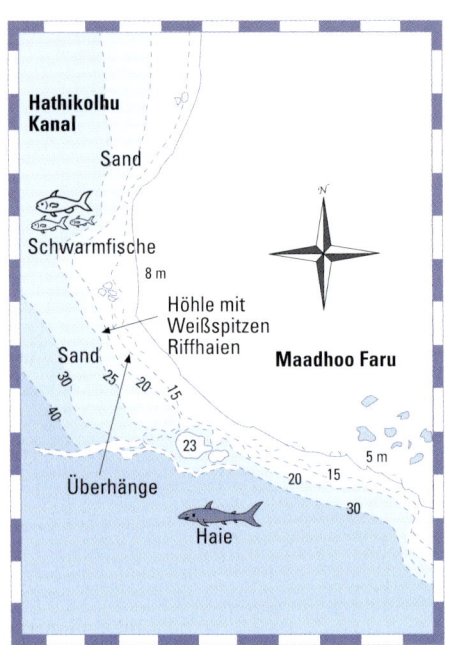

31. Ranikan

Ein sehr abwechslungsreiches Tauchgebiet befindet sich an der Westseite von Rihiveli ganz im Süden des Süd-Male-Atolls am Eingang zum Hathikolhu-Kanal. Der Tauchgang beginnt meist am Außenriff an einem Korallenfelsen in 23 Meter Tiefe. Bekannt ist dieser Platz für seine Begegnungen mit Weißspitzen-Riffhaien und teilweise sogar mit Hammerhaien. Eine Garantie, diese markanten Räuber zu treffen, gibt es natürlich nicht. Im weiteren Verlauf schließen sich viele kleine Höhlen und Überhänge an. In ihnen halten sich Zackenbarsche, Drachenköpfe und Soldatenfische auf. Allmählich wendet sich das Riff in den Hathikolhu-Kanal hinein. Nachdem eine Fläche ohne besonders üppigen Bewuchs an Schwämmen, Korallen oder anderen Lebewesen überquert ist, wird der Tauchgang wieder interessanter. In 15 Meter Tiefe liegt eine Höhle, in der sich gerne Weißspitzen- Riffhaie aufhalten. Etwas tiefer im 20- bis 25-Meter-Bereich sind auch Weißspitzen- Riffhaie sowie Orientalische Süßlippen, Napoleons und viele Schwarmfische zu sehen. Der Tauchgang ist bequem am Hauptriff zu beenden, da das Dach bis auf 5 Meter Tiefe reicht.

32. Kandoma Caves

Die Gegend um Kandoma ist bekannt für seine zahlreichen, zum Teil sehr großen Höhlen. Zwei Höhlen sind besonders hervorzuheben, da sie wirklich sehr groß sind und dicht nebeneinander am Außenriff liegen. Die eine befindet sich in 20 Meter Tiefe und hat eine Öffnung in der Decke, die andere in 16 Meter. Letztere führt weit in den Korallenfelsen hinein. Um den reichhaltigen Bewuchs im Innern der Höhlen betrachten zu können, ist eine Unterwasserlampe erforderlich. Nur so werden die bunten Schwämme, die rötlichen Krustenalgen oder die kleinen Nelkenkorallen sichtbar. Von der Aussenkante des Riffes in Richtung Westen im Biyadhoo-Kanal folgen noch weitere kleinere Überhänge und zwei andere Höhlen in etwa 10 Meter Tiefe. Eine davon hat in der Decke einen Durchbruch, durch den Licht von außen eindringen kann. In den Überhängen halten sich die eher lichtscheuen Zackenbarsche und Soldatenfische auf. Am Riff im Kanal gibt es Muränen, verschiedene Arten von Drückerfischen, Kaiserfische sowie Napoleons und natürlich sind auch Schwarmfische zu sehen.

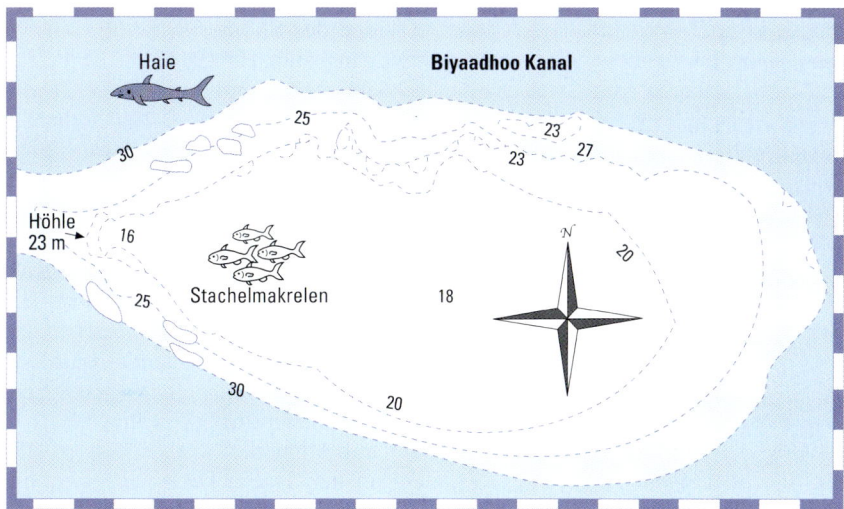

33 Kandoma Thila

Einer der schönsten und vielleicht sogar außergewöhnlichsten Tauchplätze liegt im Biyadhoo-Kanal an der Westseite des Süd-Male-Atolls zwischen den Touristeninseln Cocoa und Kandoma. Das oval geformte Thila hat sein Dach in 16–20 Meter Tiefe. Die interessantesten Bereiche liegen auf der Nord- und Westseite, die auch als Jack Corner bezeichnet werden. Große Schwärme von Stachelmakrelen und manchmal Tunfische sowie Barrakudas halten sich gerne vor dem Riff in der Strömung auf. In 23 Meter Tiefe befindet sich eine sehenswerte Höhle mit allerlei buntem Bewuchs. Weiter auf der Nordseite gibt es Überhänge und Korallenfelsen, die dem Thila vorgelagert sind. Weichkorallen prägen das Bild. Adlerrochen ziehen hier ihre Kreise, und auch Haie sind keine Seltenheit.

Da das Thila verhältnismäßig tief liegt, ist es für Anfänger nicht geeignet, denn das freie Ab- und Austauchen erfordert Übung und sicheren Umgang mit der Tauchausrüstung. Bei Strömung ist es auch für erfahrene TaucherInnen nicht einfach zu betauchen.

34. Cocoa Corner

Das an der Nordseite des Biyaaghoo-Kanals gelegene Riff ist im Kanal selbst steil abfallend mit vielen Überhängen und kleineren und größeren Höhlen. Die größte erstreckt sich zwischen 5 und 20 Meter Tiefe und ist mit Nelkenkorallen, Schwämmen und Weichkorallen bewachsen. Verschiedenste Nacktschnecken mit leuchtenden Farben finden hier Nahrung und Unterschlupf. Die Außenseite ist dagegen eher flach abfallend. Ein leicht zu betauchender Platz, dessen regelmäßige Besucher Schildkröten, Schnapperschwärme und viele andere Fischarten sind.

35. Kuda-Giri-Wrack

Die »Vila Dighu« fuhr unter maledivischer Flagge, bis sie im Jahre 1988 als Kuda-Giri-Wrack nahe der Insel Dhigufinolhu als künstliches Riff versenkt wurde. Bis zu diesem Zeitpunkt war sie das größte künstliche Wrack der Malediven. 11 Jahre später musste sie diesen führenden Platz einem anderen Schiff, der »Kudhimaa«, abtreten, die im Ari-Atoll auf Grund gesetzt wurde. Die »Vila Dighu« war ein Frachter, vermutlich ein Kühlschiff. Das 42 Meter lange Schiff steht heute auf seinem Kiel im sandigen Grund und ist leicht zur Seite geneigt. Von der Fracht und Einrichtung sowie den Geräten ist nichts mehr zu sehen, da das Schiff vor seiner Versenkung komplett ausgeschlachtet wurde. Sowohl die Laderäume als auch die kleine Brücke sind gefahrlos zu betauchen. Das Deck des Vorschiffes und das Oberdeck zeigen noch die originale hölzerne Beplankung. Besonders sehenswert sind die Schraube und das Ruder des Schiffes. Aber Achtung: Das Wrack liegt in Tiefen zwischen 17 und 34 Meter, und es sollte nicht vergessen werden, den Tauchcomputer regelmäßig zu kontrollieren, denn nur allzu leicht wird die Tauchzeit und Tiefe bei einem so interessanten und faszinierenden Schiff vergessen. Am Ende des Tauchgangs lohnt es sich in jedem Fall, auch an das nur wenige Flossenschläge entfernte Kuda Giri zu tauchen. Größere und kleinere Überhänge bieten einer großen Anzahl von Korallen, Weichkorallen, Schwämmen und anderen Kleintieren, aber auch Langusten ein zu Hause.

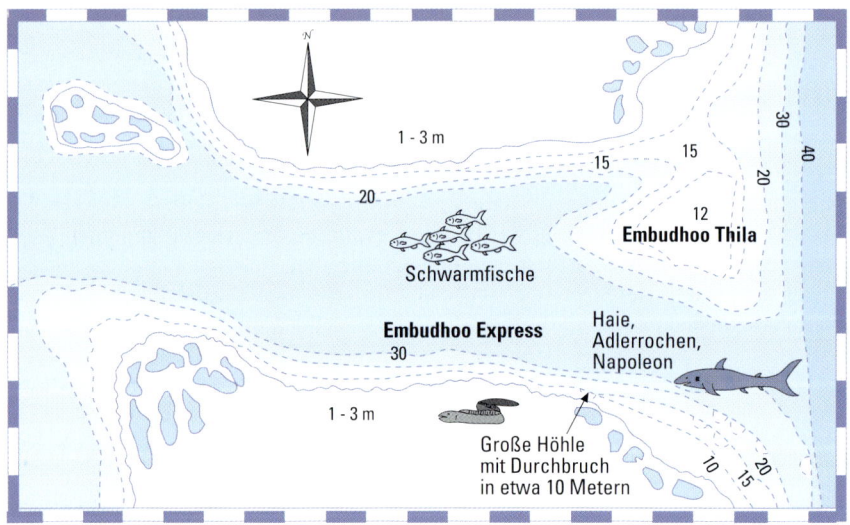

36. Embudhoo Kandu (Karte Seite 80)
Südlich vom Embudhoo-Finolhu-Ressort befindet sich das Naturschutzgebiet, das auch unter dem Namen Embudhoo-Express bekannt ist. Der Kanal ist durch seine sehr starke Strömung gekennzeichnet. Die Drift-Tauchgänge, die hier durchgeführt werden, zählen zu den besten im Reich der tausend Inseln. Bei einlaufender Strömung startet man auf der Außenseite des Atolls. Napoleons, Haie, Adlerrochen und pelagische Fischschwärme sind aufgrund der Strömung häufig anzutreffen, so dass diese Außenkante auch den Namen Shark Point trägt. Am Riffabhang finden sich zahlreiche Höhlen und Überhänge in Tiefen zwischen 15 und 30 Meter. Zackenbarsche, Muränen, Garnelen, Schwämme und Seescheiden prägen das bunte Bild dieser außerordentlich abwechslungsreichen Unterwasserlandschaft. Weiter im Vaadhoo-Kanal gibt es eine große Höhle mit einer Ausdehnung von 5 – 25 Meter Tiefe. In etwa 10 Meter befindet sich ein Durchbruch, der es erlaubt hindurchzutauchen. Auch diese Höhle wird von Garnelen, Oktopus, Muränen und auch Drachenköpfen bewohnt.

37. Embudhoo Canyon
Dieser beeindruckende Tauchplatz liegt am Vaadhoo-Kanal am nördlichen Rand des Süd-Male-Atolls. Es sieht so aus, als ob große Felsbrocken vom Hauptriff abgebrochen und abgerutscht seien und einen etwa 50 Meter langen Canyon freigelegt hätten, der zudem noch kleine Höhlen und Überhänge aufweist. Das Hauptriff reicht bis auf 1 Meter unter die Wasseroberfläche, der abgerutschte Felsen auf 9 Meter. Der Canyon-Grund befindet sich in 15 Meter Tiefe, und es lohnt sich, sofern es die Strömung erlaubt, den Felsen wegen der Vielzahl an Lebewesen, die hier siedeln, in verschiedenen Tiefen zu umrunden. Auch ein Blick ins Freiwasser sollte auf keinen Fall vergessen werden, denn der Vaadhoo-Kanal ist für die Möglichkeit bekannt, Haie, Adlerrochen oder auch Napoleone sehen zu können.

Orientalische Süßlippen kommen häufig in Gruppen vor.

Der üppige Weichkorallenbewuchs täuscht über die Folgen des Bleaching hinweg.

Taucher und Makrelenschwarm.

Unter Überhängen lassen sich zahlreiche Kleinode entdecken.

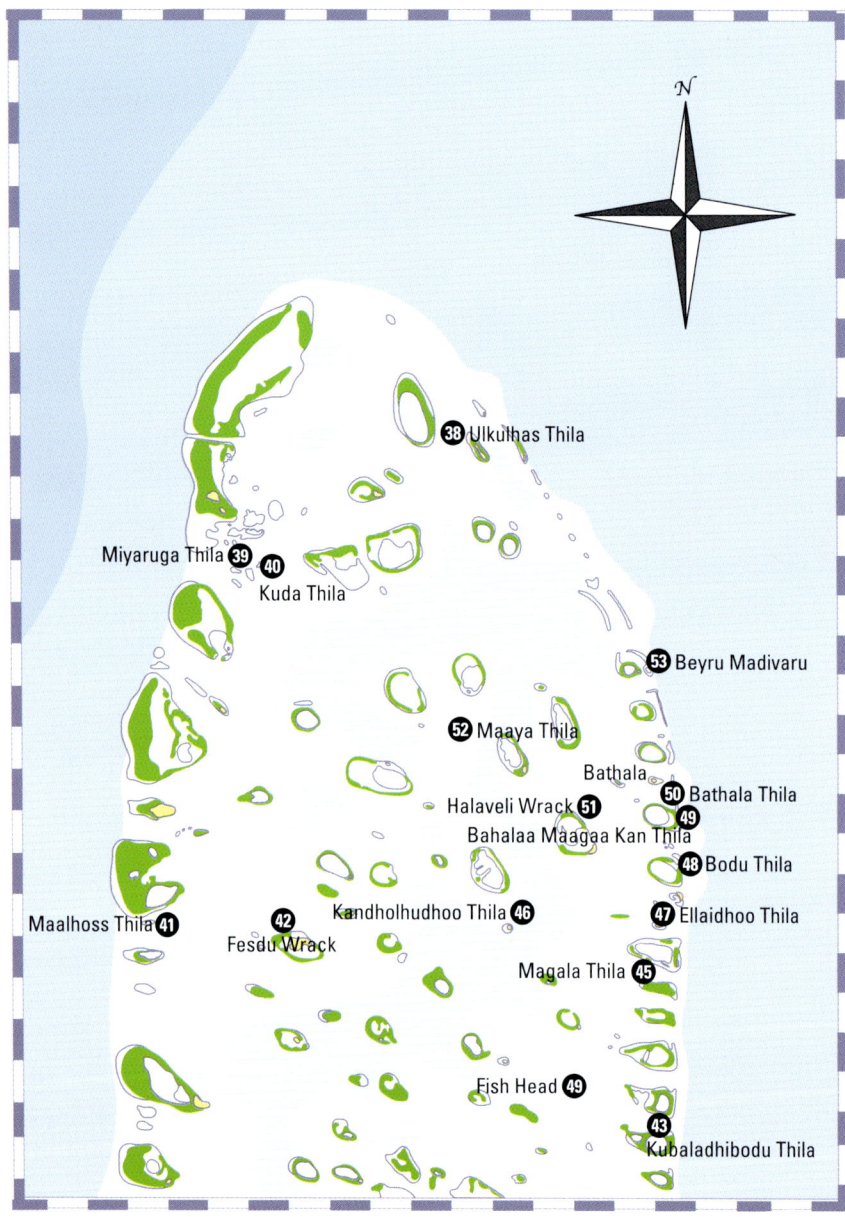

Nord-Ari-Atoll

Ari-Atoll

Das Ari-Atoll ist etwa 96 Kilometer lang und 33 Kilometer breit. Es gibt 52 unbewohnte Inseln, 18 bewohnte Inseln und 25 Touristeninseln. Der Nordost-Rand des Atolls liegt ca. 64 Kilometer westlich von Male. Die Touristeninseln werden zumeist mit Wasserflugzeugen angeflogen. Der nördliche, vor allem aber der südliche Teil ist vom Tourismus erschlossen, wohingegen der mittlere Bereich nur wenige Touristeninseln aufweist. Im Norden befinden sich eine Fülle von faszinierenden und wunderschönen Tauchplätzen. Fish Head oder Maayafushi Thila sind dafür bekannt, dass dort Haie beobachtet werden können. Daneben gibt es eine Vielzahl von Riffen, an denen sich sehr schöne Strömungstauchgänge unternehmen lassen. Im Süden liegen bekannte Tauchplätze wie Kuda Rah Tila, Broken Rock oder Thinfushi Tila, die besonders sehenswert sind. Außerdem können im Süden zu bestimmten Jahreszeiten Mantas beobachtet werden, wie zum Beispiel am Tauchplatz Madivaru, der südlich von Rangali liegt. Zu den Erlebnissen der besonderen Art gehören Begegnungen mit Walhaien. Die bis zu 12 Meter großen Tieren, die scheinbar träge durch das Wasser gleiten, zählen zu den unvergesslichen Erlebnissen eines Urlaubs.

Inseln

Bathala
Eine typische Malediveninsel. Sie liegt am östlichen Außenrand des Ari-Atolls und ist etwa 65 km vom Flughafen Hulule entfernt. Mit dem Speedboot dauert der Transfer etwa 1,5 Stunden, aber es besteht auch die Möglichkeit, einen Air-Taxi-Transfer, der etwa 30 Minuten dauert, zu buchen. Die kleine Insel ist mit einer Länge von 300 und einer Breite von 150 Meter nicht sehr groß. Die 46 palmenbedeckten Einzelbungalows sind rund gebaut und verteilen sich angenehm in der dichten Tropenvegetation. Die Zimmer sind hübsch eingerichtet und verfügen über eine Süßwasserdusche, WC, Deckenventilator und Terrasse zur Meerseite. Einige Bugalows haben zusätzlich eine Klimaanlage und Warmwasser sowie einen kleinen Kühlschrank. Zu buchen sind Halb- oder Vollpension. Neben einem Open-Air-Restaurant, Coffee-Shop und Bar befinden sich ein Souvenirgeschäft sowie eine unter deutscher Leitung stehende Tauchbasis auf der Insel. Das Hausriff ist direkt von der Insel aus zu betauchen und zieht sich rund um Bathala. Die Tauchmöglichkeiten im Ari-Atoll scheinen nahezu unerschöpflich, und Highlights wie das Maaya Thila mit seinen Haien liegen sozusagen direkt vor der Haustür.

Vilamendhoo

Die 900 Meter lange und 250 Meter breite Insel zählt seit Jahren als fester Ausgangspunkt für die Tauchplätze im Süden des Ari-Atolls. Die Flugzeit mit dem Air-Taxi beträgt ca. 20 Minuten. Wie alle zur Gruppe der A.A.A.-Ressorts zählenden Inseln wird auch die Tauchschule auf Vilamendhoo vom Maledivenexperten Werner Lau gemanaget. Die exzellent ausgestattete Tauchschule liegt an der Südseite in der Inselmitte. Angeboten werden neben den üblichen Halbtagesausfahrten auch Tagesausflüge. Das Tauchen am Hausriff ist zwischen 6.00 und 20.00 Uhr gestattet. Das über 5 Einstiege zugängliche Riff lieg an der Nord- und Südseite der Insel. Je nach Wetter und Strömungsbedingungen kann die Schokoladenseite des Kanalriffs für den Tauchgang ausgewählt werden. Taucher unter 40 Tauchgängen dürfen Bootstauchgänge nur in Begleitung unternehmen. Die bekanntesten Tauchplätze im Süden des Ari-Atolls können in Fahrzeiten zwischen 5 und 55 Minuten erreicht werden. Bekannt ist diese Region für Mantas und Walhaie, die vor allem in den Sommermonaten hier anzutreffen sind.

Die 1994 eröffnete Hotelanlage wurde unter ökologischen Gesichtspunkten errichtet. Besonderen Wert wurde auf die Erhaltung des dichten Waldes gelegt. Nachteilig ist, dass das dichte Unterholz eine optimale Brutstätte für Mücken bildet. Die riesigen Flughunde umkreisen in der Abenddämmerung die Insel und beeindrucken mit ihren gekonnten Flugmanövern. Das Sammeln von Muscheln und Korallen ist streng untersagt. Ebenso wird darauf geachtet, dass das Hausriff nur über die dafür vorgesehenen Einstiege betreten wird. Unauffällig passen sich 20 Einzel- und 121 Doppelbungalows in die grüne Landschaft ein. Alle sind durch einen schmalen Grüngürtel vom Strand abgesetzt und damit wettergeschützt. Durch die Lichtungen hat man einen bezaubernden Blick ins unendliche Blau des Ozeans. Nur die wenigen Superior-Zimmer liegen unmittelbar am Wasser. Mit fast 300 Betten ist die Insel relativ groß. Da nur ein Drittel aller Gäste Taucher sind, kommt es auf der Basis nur selten zu Engpässen. Hierzu tragen unter anderem eine große Füllstation und vier Boote bei. Alle Räume verfügen über eine Klimaanlage und eine Minibar. Zwei Drittel der Bungalows besitzen ein zum Freien hin halboffenes Bad. Unweit des Ankunftssteges liegen Rezeption, ein Fernsehraum, der Inselshop, Juwelier, Hauptbar, Restaurant und die Tauchschule. Bis auf das Candel-Light-Dinner gibt es zu allen Mahlzeiten ein Büfett. Angesichts der hohen Getränkepreise lohnt es sich, beim Buchen ein All-Inclusive-Paket zu bevorzugen. Wen das Tauchen nicht auslastet, für den stehen ein Billardraum, Tischtennisplatten, ein Volleyballplatz, Tennisplätze sowie ein klimatisierter Fitnessraum zur Verfügung. Wasserratten können zusätzlich surfen oder Katamaran segeln. Treffpunkt der Taucher nach dem Abendessen ist die Sunset-Bar. Hier werden die meisten Fische im Laufe des Abends immer größer.

Tauchplätze

38. Ukulhas Thila

Ukulhas ist ein Tauchplatz im Norden des Ari-Atolls. Er liegt im offenen Wasser und ist daher nur schwer zu orten. Das Riffdach befindet sich in 18 Meter Tiefe, der Riffabhang reicht bis in 30 Meter Tiefe. Auf dem Dach liegen große Korallenblöcke, die viel Interessantes zu bieten haben. Je nach Jahreszeit sind Mantas anzutreffen. Ein Tauchplatz, der nicht für Anfänger geeignet ist und auch nicht zu jeder Zeit und bei jedem Wetter angefahren werden kann.

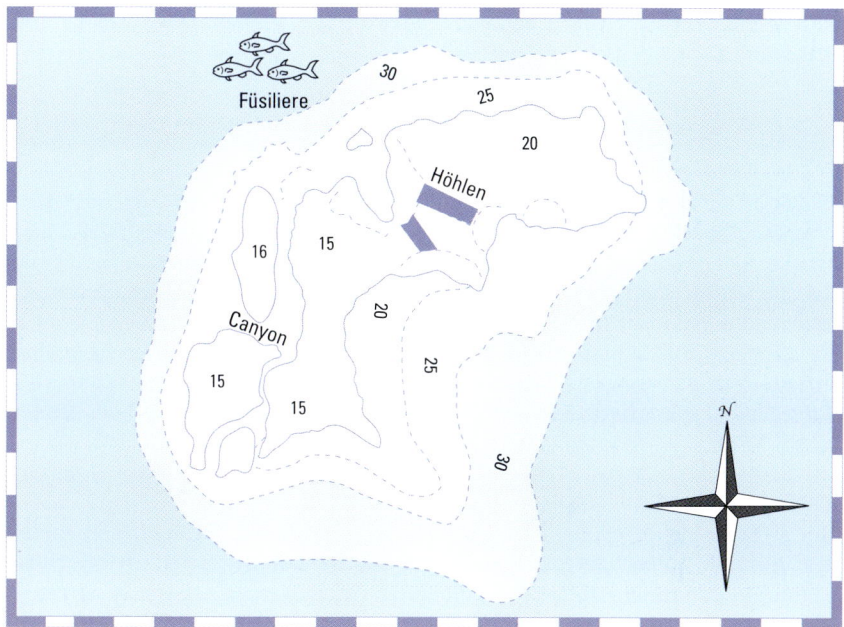

39. Miyaruga Thila

Das südwestlich der Touristeninsel Nika gelegene Thila zählt mit 80 Meter Länge zu den kleineren betauchbaren Riffen. Interessant sind ein Canyon, der sich am südwestlichen Ende zwischen vorgelagerten Korallenblöcken und dem Hauptriff befindet, und zwei Tunnel in der Mitte des Thilas, die in etwa 20 Meter Tiefe liegen und quer durch das Riff führen. Zahlreiche Überhänge und kleine Höhlen machen diesen Tauchplatz abwechslungsreich. Verschiedenste Weichkorallenarten

und bunte Schwämme sowie Seescheiden siedeln hier, neben Füsilieren, Muränen, Drückerfischen und ab und zu auch Napoleone. Das Riffdach liegt in etwa
15 Meter Tiefe, und die meist starke Strömung erfordert ein zügiges Abtauchen,
um im Strömungsschatten des Thilas einen entspannten Tauchgang zu genießen.

40. Kuda Thila
Dieses im Mathiveree Dhekunu Kandu gelegene Riff erstreckt sich über mehr als
100 Meter Länge von annähernd West nach Ost. Das Riffdach reicht im westlichen Teil bis etwa 6 Meter unter die Wasseroberfläche und fällt nach Osten hin
immer tiefer ab. Das Thila besteht an sich aus 3 verschieden großen Teilen, die
alle mit Weichkorallen und Schwämmen bewachsen sind. Große Fischschwärme,
Doktorfische, Falterfische, Drücker, halten sich hier auf und auch Weißspitzen-
Riffhaie sind keine Seltenheit. Am östlichen Ende in etwa 20 Meter Tiefe befindet
sich eine kleine Höhle, die ebenfalls dicht von Schwämmen und Weichkorallen
besiedelt ist.

41. Maalhoos Thila
Das Thila ist ein relativ wenig betauchtes Riff, das im Kanal zwischen Malhos
und Feridhoo auf der Westseite des Ari-Atolls liegt. Das Riffdach liegt auf 8 bis
15 Meter. Getaucht wird zumeist auf der Südseite. Hier finden sich zahlreiche
Überhänge und Höhlungen. Zwischen 30 und 35 Meter Tiefe liegen Korallenblöcke, die mit ihrem Weichkorallenbewuchs den Taucher faszinieren. Die
Korallenvielfalt und der sehr gute Zustand des Korallenbewuchses sind beeindruckend. Besonders schön anzusehen sind die im natürlichen Licht hellblau er-
scheinenden Weichkorallen, die wie Eiszapfen von den Decken der Überhänge
herunterwachsen. Ein enormer Fischreichtum rundet den Tauchgang ab. Allerdings bleibt es aufgrund der Tauchtiefe nur erfahrenen Tauchern vorbehalten und
ist bei Strömung schwierig zu betauchen.

42. Fesdu-Wrack
Der 30 Meter lange ehemalige Fischkutter wurde Anfang der 80er-Jahre östlich
des Villingili Thilas versenkt, um als künstliches Riff einerseits den Meeresbewohnern Lebensraum und andererseits den Tauchern eine Attraktion zu bieten.
Das Wrack liegt nahezu aufrecht in einer Tiefe von 28 Meter auf Sandgrund und
seine Aufbauten reichen bis auf etwa 18 Meter herauf. Das Wrack ist noch sehr
gut erhalten, und es ist möglich, durch zwei Ladeluken an Deck ins Schiffsinnere
zu gelangen. Auch in das Ruderhaus kann hineingetaucht werden. Sehenswert
sind auch die Schraube und das Ruder. Die Außenseiten des Schiffes sind dicht
mit Weichkorallen, Schwämmen und Hydrozoen bewachsen. Muränen und
Zackenbarsche haben hier ein Zuhause gefunden.
Da das Wrack selbst nicht besonders groß ist, empfiehlt es sich, in den Tauchgang
das nur etwa 50 Meter entfernte Villingili Thila und vielleicht auch das Faru mit

An einigen Tauchplätzen erholt sich die Unterwasserwelt nur langsam.

Anemonen und Anemonenfische.

einzubeziehen. Denn auch das Thila ist sehr schön bewachsen, und zahlreiche Überhänge unterbrechen den ansonsten eher flach abfallenden Riffabhang. Von hier aus ist das Villingili Faru nicht weit entfernt. Vor allem Lederkorallen besiedeln dieses Riff. Das Riffdach reicht bis zur Oberfläche, und man kann bequem austauchen. Ein sehr schöner Tauchplatz, der allerlei zu bieten hat.

43. Kubaladhibodu Thila

Im Kubaladhi-Kanal liegen drei unterseeische Thilas: Kubaladhibodu Thila, Kubaladhimeddu Thila und Kudaladhikuda Thila. Die Entfernung zu Ellaidhoo beträgt etwa 50 Minuten. Das Kubaladhibodu Thila ist das größte der drei und kann je nach Stärke der Strömung rundherum betaucht werden. Interessant auf der Nordseite ist eine große Höhle mit einem in 25 Meter Tiefe davor liegenden großen Korallenblock. Er scheint einst vom Hauptriff abgebrochen zu sein. In ihm hält sich ein Schaukelfisch auf, der aber wegen seiner hervorragenden Tarnung schwer zu finden ist. Die Südseite erscheint dem Betrachter sanfter und weniger schroff als die Nordseite. Weichkorallen und Anemonen mit ihren Anemonenfischen prägen hier das Bild. Der Riffabhang fällt auf 30–35 Meter ab und läuft im Sand aus. *Tubastrea*-Arten sind neben *Acropora*-Arten am Riffabhang dominant. Auf dem Riffdach in 5 Meter Tiefe befinden sich Korallenblöcke, die von verschiedenen Wirbellosen wie Spiralfederwürmern, Muscheln oder Schnecken besiedelt sind. Steinkorallen und Feuerkorallen herrschen hier vor. Auch die Artenvielfalt an Fischen ist groß. Füsiliere, Riffbarsche, Schnapper und Doktorfische, Haie und manchmal auch Schildkröten sind hier anzutreffen. Eine weitere Anfahrt lohnt sich in jedem Fall.

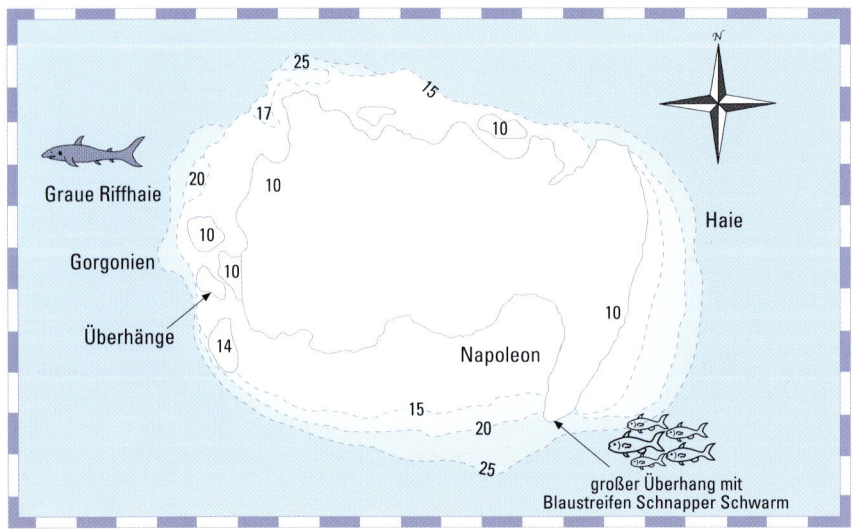

44. Fish Head (Karte Seite 90)

Dieser Tauchplatz ist wohl einer der bekanntesten Plätze im Ari-Atoll. Sein Fischreichtum sowie die interessante Unterwasserlandschaft trugen ihm den Ruf ein, zu den Top-Ten-Tauchplätzen in der Welt zu zählen. Er liegt 30 Minuten von Ellaidhoo entfernt nahe der Insel Mushimasmingili. Begehrt ist er wegen der Haie, die sich dort in großer Zahl aufhalten. Fischer aus der ganzen Region haben ursprünglich an diesem Platz geangelt. Liegen heute hier zahlreiche Taucherdhonis, so waren es vor Jahren die Dhonis der Fischer. Anfänglich wurden die Haie wegen ihres Öls gefangen, und später sorgte die zunehmende Nachfrage von Haiflossen für einen starken Absatz auf den asiatischen Märkten. Um den Konflikt zwischen Tauchern und Fischern zu schlichten, wurde das Gebiet 1995 zum Naturschutzgebiet erklärt. Das quadratische Riff, das bis auf 10 Meter unter die Oberfläche reicht, kann problemlos umrundet werden. Die Riffwand mit ihren zahlreichen Überhängen erhebt sich aus über 40 Meter Tiefe. Die meisten Überhänge finden sich zwischen 25 und 30 Meter. Vor allem die Nord- und Nordwestseite zeigen eine interessante Landschaftsform. In der Strömung vor dem Riff bietet sich ein beeindruckendes Schauspiel, ca. 20 ortstreue Graue Riffhaie patrouillieren hier oder aber drängen sich mitten zwischen den TaucherInnen hindurch. Doch auch wenn keine oder wenig Haie da sind, hat das Riff noch einiges zu bieten. Das Riffdach selbst ist von kleinen Scheibenanemonen überwuchert, unter Korallenblöcken halten sich Steinfische und Muränen auf. Es ist also Vorsicht geboten, und man sollte sich nicht unbedingt festhalten, ohne vorher genau hingesehen zu haben. Auf dem Riffdach ist ein ortstreuer Napoleon anzutreffen, der leider immer noch angefüttert wird. Der Tauchplatz ist einer der wenigen, an dem das Boot mit einem Seil festgemacht wird.

45. Magala Thila

Das Magala Thila ist eines der schönsten Riffe im Ari-Atoll und in einem sehr guten Zustand. Es kann rundherum betaucht werden. Bei starker Strömung ist es allerdings nur bedingt für einen Unterwasserspaziergang geeignet. Das Riff liegt im Kanal zwischen der Insel Magala und dem Orimas Faru. Auf dem Riffdach in 5 bis 8 Meter Tiefe wachsen riesige Tischkorallen, die einer bunten Vielfalt von Fischen Nahrung und Schutz bieten. An der Westspitze hält sich ein großer Blaustreifenschnapper-Schwarm auf. Taucht man von hier aus weiter auf der Nordseite in Richtung Osten, bietet sich ein imposantes Bild. Die terrassenartige Riffstruktur wird von kleinen Nischen und großen Höhlungen unterbrochen. In ihnen lassen sich Gorgonien, Peitschenkorallen oder auch mal ein Zitterrochen bewundern. In Richtung Osten wird der Riffabhang immer steiler. Lederkorallen überziehen an einigen Stellen das Riff, Weichkorallen bilden große Felder. Auf dem Dach an der Ostspitze des Thilas lebt eine große Anzahl Prachtanemonen mit ihren Anemonenfischen. Riffbarsche besiedeln in großen Schwärmen das Riff sowie Schmetterlingsfische und zahlreiche weitere Fischarten. Die Südseite fällt

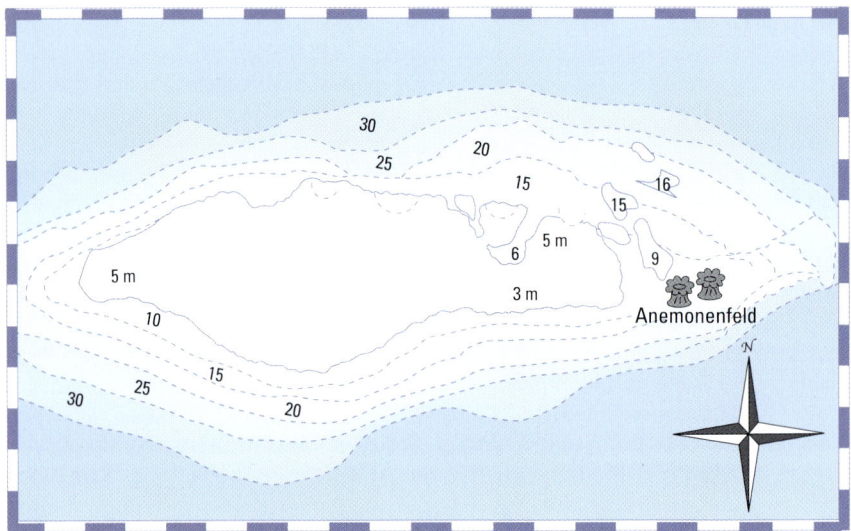

flacher ab als die Nord- und Nordostseite und ist terrassenartig strukturiert. *Tubastrea*-Arten dominieren neben *Acropora*-Arten. In etwa 25 Meter läuft das Riff im Sand aus. Hier sind des Öfteren Weißspitzen-Riffhaie zu beobachten. Das Magala Thila ist ein wunderschönes Riff, das einiges zu bieten hat. Bei starker Strömung ist es allerdings nicht zu betauchen.

46. Kandholhudhoo Thila

Das Riff liegt 40 Minuten westlich von Ellaidhoo. Das mittelgroße Unterwasserriff kann bei schwacher Strömung leicht mehrmals umrundet werden. Auf der Südseite befinden sich viele Überhänge. Der mäßig steil abfallende Riffabhang läuft in 35 Meter im Sand aus. Die Nord- und Nordwestseite reichen bis in 20 Meter. An Tieren können viele Skorpionfische wie Steinfische, Drachenköpfe und Rotfeuerfische angetroffen werden. Gelegentlich berichten Taucher von Mantabegegnungen. Unter den Überhängen halten sich Ammenhaie auf. Im Sand vor dem Riff liegen häufig Weißspitzenriffhaie. Vom Korallenbewuchs her ist das Riff nicht besonders abwechslungsreich, vor allem Scheibenanemonen überziehen das Riff. Trotzdem ist der Tauchplatz aufgrund seiner Struktur nicht uninteressant, und eine Ausfahrt hierher ist durchaus lohnenswert.

47. Ellaidhoo Thila

Von der Insel Ellaidhoo aus ist es in etwa 10 Minuten zu erreichen. Es liegt in nordwestlicher Richtung. Das Dach liegt auf 5 Meter und ist aufgrund natürlicher Umwelteinflüsse wie Strömung und Brandung relativ kahl. Die großen Korallenblöcke mit ihren bunten Unterwasserleben verleihen dem Platz die notwendige

Blaustreifenschnapper-Schule.

Farbe. Spiralfederwürmer, die ihre Behausungen in den Korallenblöcken haben, wirken wie ein buntes Grafitti. Die Wand fällt allseits bis auf 30 Meter ab. Die Südseite weist zahlreiche Höhlungen auf, in denen vor allem große Gorgonien die Taucher beeindrucken. Fledermausfische halten sich gerne vor diesen Höhlen auf, und ab und zu lässt sich in ihnen ein ruhender Ammenhai entdecken. Die Nordseite ist weniger interessant und abwechslungsreich als die Südseite, so dass Letztere meistens betaucht wird. An der Ostseite erstreckt sich ein Ausläufer in die Tiefe, der reich mit verschiedensten Korallen bewachsen ist. Die Westseite ist dagegen eher kahl und vor allem mit Sand bedeckt. Bei starker Strömung ist das Thila zum Tauchen ungeeignet.

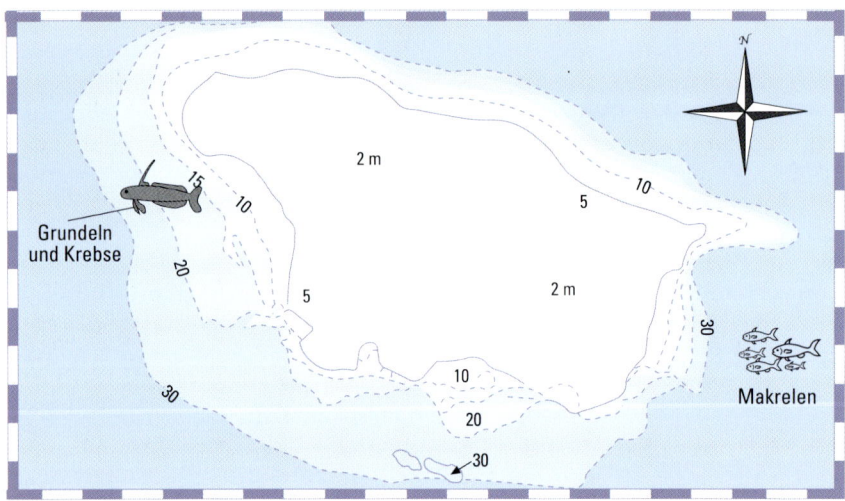

48. Bodu Thila

Es ist das größte von drei nahe beieinander gelegenen Thilas. Je nach Strömung ist das Riff entweder rundherum zu betauchen, oder der Tauchgang beginnt an der Stelle, an der man sich mit der Strömung am Riff entlang treiben lassen kann. An der Nordostseite fällt das Riff steil ab und ist mit kleinwüchsigen Geweihkorallen bewachsen. Kleine und große Überhänge und Höhlen unterbrechen den ansonsten einheitlichen Abhang. Weiter im Westen häufen sich die Abbrüche, und der Steilabfall geht in eine terrassenartige Struktur über. Geweihkorallen, Feuerkorallen, Fächerkorallen, Zäpfchenkorallen, Schwämme, Anemonen besiedeln nebeneinander das Riff. Stachelrochen, Adlerrochen, Weißspitzenriffhaie, Süßlippen, Drückerfische und viele weitere Fischarten sind zu beobachten. Taucht man von der Westseite über einen schmalen Grat auf die Südseite, trifft man auf eine ausgedehnte Sandfläche, die von Sandaalen besiedelt wird. In 10 Meter Wassertiefe befindet sich ein Putzerblock, an dem die Putzersymbiosen besonders anschaulich zu studieren sind. Putzergarnelen und Putzerlippfische verrichten ihre Arbeit. Es ist sehr interessant, den Tieren bei ihrem Tageswerk zuzuschauen.

49. Bathala Maagaa Kan Thila

Das Maaga Kan Thila stellt die nordöstliche Verlängerung des Bathala Maaga Farus dar. Das Dach beginnt in etwa 12 Meter Tiefe und fällt relativ schnell ab. Der Hang ist steil, reicht bis auf 35 Meter und läuft in Sand aus. Man kann den Tauchgang am Maaga Faru beginnen und auf der Ostseite des Thila Richtung Norden betauchen. Es empfiehlt sich, nach einiger Zeit auf die Westseite des Thilas zu wechseln, um den Tauchgang im strömungsgeschützten Bereich fortzusetzen. Diese Seite ist flach abfallend und läuft bereits in 25 Meter im Sand aus. Hier finden sich kleinere Überhänge mit schönem Korallenbewuchs, viele Arten von wirbellosen Tieren und natürlich Fische. Aufgrund der Außenrifflage sind häufig Weißspitzen-Riffhaie, Graue Riffhaie, Napoleons, Barrakudas oder Adlerrochen zu sehen. Das Riffdach ist von Lederkorallen dominiert, auf denen hier und da Haarsterne in der Strömung Plankton filtrieren. Bergkorallen mit bunten Spiralfederwürmern, Nasendoktorfische, Feilenfische, Pfauenzackenbarsche usw. besiedeln das Riff. Wegen der Tauchtiefe und den besonderen Strömungsverhältnissen können hier nur erfahrene Taucher tauchen.

50. Bathala Thila

Das unterseeische Riff ist der Insel Bathala vorgelagert. Sein Dach kommt bis auf 8 Meter unter die Oberfläche. Die Riffwand fällt auf eine Tiefe von 25–30 Meter ab und ist durch eine Vielzahl von Höhlen und Überhängen charakterisiert. Es finden sich verschiedenste Korallenarten, sie gewähren zahlreichen Fischen und wirbellosen Tieren Schutz und Nahrung. Bei schwacher Strömung kann das Thila rundherum betaucht werden. Aufgrund der Lage an der Außenseite des Ari-Atolls können bei günstiger Strömung zahlreiche Weißspitzen-Riffhaie und Graue Riffhaie beobachtet werden. Mit ein wenig Übung lassen sich gut getarnte Giftfische wie Steinfische und Drachenköpfe entdecken. Auf der Nordwest-Seite des Thilas ist ein interessanter Putzerblock, an dem viele Putzergarnelen ihre Arbeit verrichten.

51. Halaveli-Wrack

Das Wrack liegt nördlich der Insel Halaveli und wurde 1991 versenkt. Es steht aufrecht in 27 Meter Tiefe im Sand. Es ist inzwischen von Korallen, Schwämmen und Algen besiedelt worden. Die Attraktion hier sind angefütterte Stachelrochen, die dem Taucher oftmals schon beim Abtauchen am Seil entgegenkommen. Sie sind zutraulich und lassen sich berühren. Dies sollten naturbewusste TaucherInnen weder sich noch dem Tier zuliebe tun. Stachelrochen besitzen zur Verteidigung einen Stachel am Schwanzstil, der äußerst unangenehme Verletzungen verursachen kann. Der Rochen setzt diese Waffe wohlgemerkt nur zur Verteidigung ein, beziehungsweise wenn er sich bedroht fühlt. Es ist wesentlich sicherer abzuwarten, ob der

Taucher auf Motivsuche.

Unter Korallenvorsprüngen verbergen sich die unterschiedlichsten Fischschulen.

Mikrokosmos Koralle.

Tauchertraum unter Wasser: Delphinmutter mit Nachwuchs.

Rochen auf den Taucher zukommt, als auf den Rochen zuzuschwimmen oder ihn gar festhalten zu wollen. Das Füttern sollte, wenn überhaupt, erfahrenen Tauchlehrern überlassen werden, die die Tiere zum Teil über Jahre hinweg beobachtet haben und ihr Verhalten kennen. Verletzungen kommen meist nur durch die Unvorsichtigkeit der TaucherInnen zustande . Es ist und bleibt ein beeindruckendes Schauspiel, wenn die Rochen aus dem scheinbaren Nichts auftauchen und mit den TaucherInnen spielen, um anschließend wieder dorthin zu verschwinden, wo sie hergekommen sind.

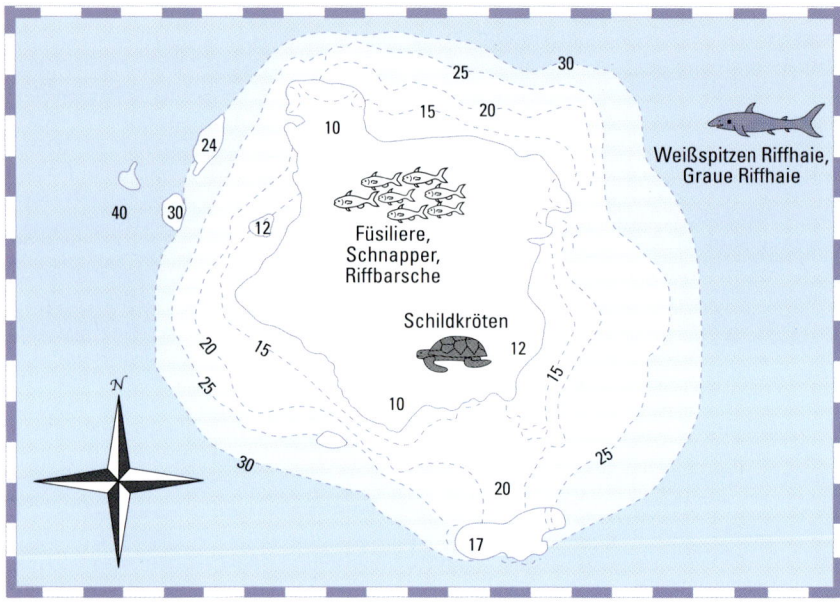

52. Maaya Thila

Das Naturschutzgebiet liegt 4 Kilometer von der Insel Maayafushi entfernt. Es ist mit einem Durchmesser von 80 Meter bei geeigneter Strömung leicht zu umrunden. Das nahezu runde Riff fällt allseits steil auf 30 Meter ab. Sein Dach liegt bei durchschnittlich 7 Meter. Wie der Fish Head dreht sich hier alles um die eleganten Räuber der Meere. Im Gegensatz zum berühmten Nachbar wird dieser mehr von Weißspitzen-Riffhaien und weniger von Grauen Riffhaien bevorzugt. Eine Fülle von großen Fischschwärmen umkreist das Riff und nimmt TaucherInnen in seinen Bann. In der Strömung machen Makrelen und Tunfische Jagd auf die Schwarmfische. Großaugensoldatenfische, Wimpelfische, Fledermausfische und andere Schwärme sind auf dem Dach anzutreffen. Ebenso lassen sich hier regelmäßig Schildkröten beobachten. An der Südseite findet sich ein vorgelagerter Korallenblock, der in 19 Meter einen ca. 1 Meter hohen Durchlass hat. Die Nordwestecke hat in 11 Meter einen schönen Überhang. Für Anfänger ist der Platz nur bedingt geeignet.

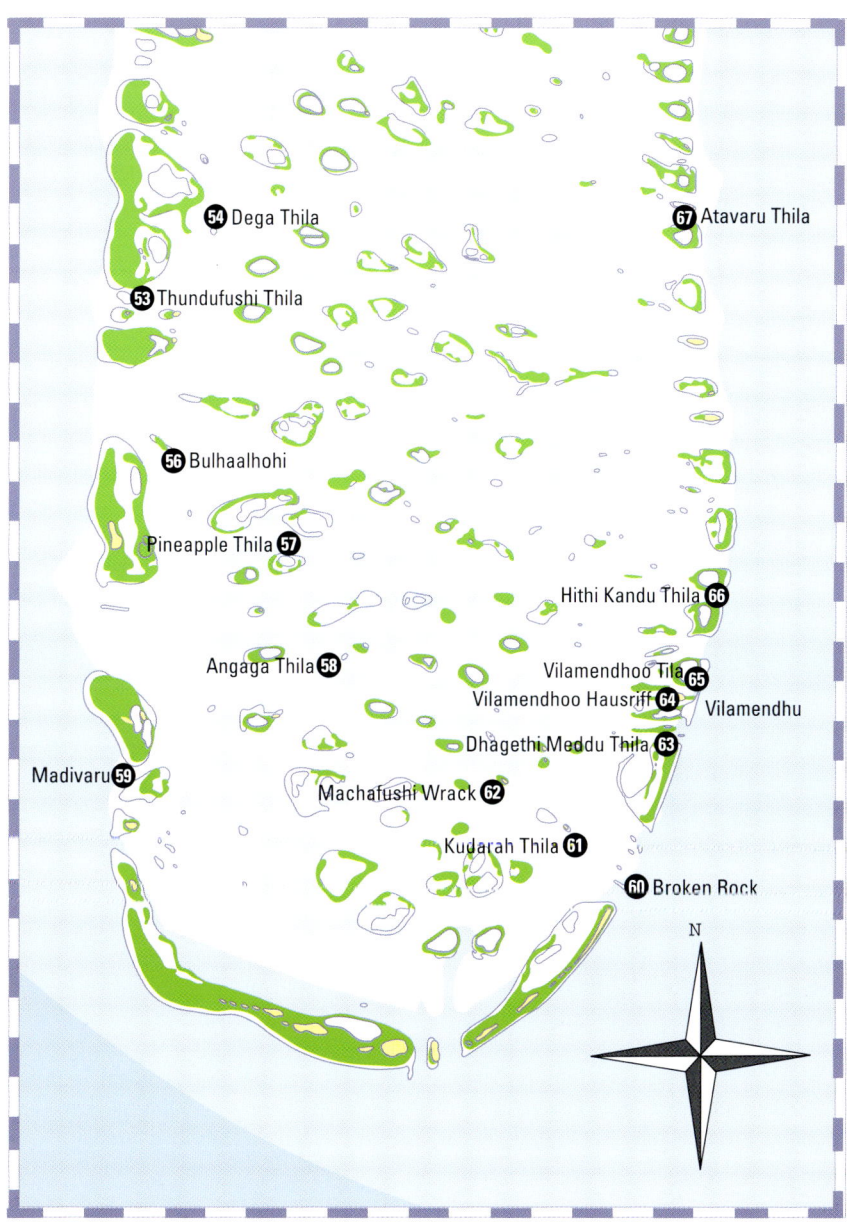

Süd-Ari-Atoll

53. Beyru Madivaru

Das Riff liegt in nördlicher Richtung etwa 50 Minuten mit dem Speedboot von Ellaidhoo entfernt und stellt das Hausriff der unbewohnten Insel Madivaru dar. Das Dach reicht bis auf etwa 5 Meter an die Wasseroberfläche. Entlang des in Ostwest-Richtung verlaufenden Riffes wird zumeist an der Südseite getaucht. Der Tauchgang führt dann längs des Riffabhangs, der steil bis in eine Tiefe von 25 Meter reicht. Blaue und gelbe Weichkorallen, Schwarze Korallen und Schwämme wachsen am Riff. Zahlreiche kleine Überhänge lockern das Bild auf. In 25 Meter läuft das Riff flach aus. An den vereinzelten, kleineren und größeren vorgelagerten Korallenblöcken tummelt sich das Leben. In Richtung Osten wird der Steilabfall allmählich flacher, und die Riffstruktur als solche verändert sich. Terrassenförmig angeordnete Geweihkorallen, Lederkorallen und Zäpfchenkorallen sind hier anzutreffen. An besonderen Tieren können Schildkröten, Adlerrochen, manchmal Mobulas und selbstverständlich eine große Anzahl von Schwarmfischen wie Neonstreifenfüsiliere angetroffen werden. Ein sehr interessantes und abwechslungsreiches Riff, das auch für Anfänger geeignet ist.

54. Dega Thila

Beeindruckend sind die aus mehr als 40 Meter aufragenden »Felsnadeln«, die sich westwärts vom eigentlichen Thila erstrecken und an ihrer höchsten Stelle bis 6 Meter unter die Wasseroberfläche reichen. In dieser exponierten Lage ist es nicht verwunderlich, dass sich zahlreiche Fischarten wie Fledermausfische, Demoisellen, Schnapper oder Riffbarsche aufhalten. Die Möglichkeit, Weißspitzen-Riffhaie oder Graue Riffhaie zu beobachten, ist darüber hinaus sehr groß. Einige Meter entfernt befinden sich noch zwei weitere »Felsen«, zwischen denen ein Canyon hindurchführt. Die Wände sind mit verschiedenen festsitzenden Lebewesen wie bunten Schwämmen, Krustenalgen und Seescheiden bewachsen. Das Dega Thila fasziniert nicht nur durch die Fischvielfalt und Besonderheit der Korallenformationen, sondern ebenso durch die Tatsache, dass der Riffabhang in eine unüberschaubare Tiefe von deutlich mehr als 30 Meter abfällt.

55. Thundufushi Thila

Dieses Riff liegt im Kalhahandhi Kandu nördlich von Kalhahandhihuraa. Besonders schön ist es auf seiner Nord- und Nordwestseite zu betauchen, wo es in Stufen bis auf 30 Meter und mehr abfällt. Das Dach liegt 8 bis 10 Meter tief. Aufgrund der Lage im Kanal sind hier verschiedenartigste Fische anzutreffen. Auch Haie patrouillieren am Riffabhang. Ein Highlight an diesem Tauchplatz aber sind sicher die Mantas, die abhängig von der Jahreszeit und den Strömungsverhältnissen anzutreffen sind.

56. Bulaalhohi Caves

Das Thila ist 60 Minuten von Rangali entfernt und liegt nordöstlich von Bulaalohi. Der Obere Abschnitt reicht bis 10 Meter unter die Oberfläche. Das Riff erstreckt sich in Westost-Richtung. Die interessanten Überhänge liegen auf der Südseite. Je nach Strömung wird entlang dieser Seite von Westen in Richtung Osten oder umgekehrt getaucht. Kommt man um die Ostspitze herum, so sind auf der Nordostseite noch ein paar kleinere Überhänge zu betauchen. Unter ihnen wachsen blaue Weichkorallen und große Fächerkorallen. Im Schein einer Lampe lässt sich ihre Farbenvielfalt bewundern. Neben den vielen Schwarmfischen, die über das Riff streifen, können sich Schildkröten oder Napoleons zu den Tauchern gesellen. Bei starker Strömung ist das Riff nur sehr schwer zu betauchen. Für Anfänger ist es aus diesem Grund nur bedingt geeignet. Das insgesamt sehr schöne Thila lohnt auch eine längere Anfahrt.

57. Pineapple Thila

Dieses Thila liegt etwa 25 Minuten in Richtung Pineapple Island von Angaga entfernt. Das Riff ist nicht sehr groß und bequem mehrmals zu umrunden. Der Riffabhang fällt allseits relativ steil auf ca. 25 Meter ab und läuft im Sand aus. Auf der Südseite erstreckt sich eine Riffzunge noch einige Meter südwärts. Die Wand weist zahlreiche Überhänge auf. Es sind überall am Riff viele Rotfeuerfische und Drachenköpfe zu finden. Auf der Nordseite sieht man in der Tiefe große Fächerkorallen. Der Riffabhang ist mit Leder- und Weichkorallen, sowie blauen Geweihschwämmen bewachsen. Wer ein Auge für Kleinigkeiten hat, kann Nacktschnecken, Seenadeln oder Seescheiden entdecken. Auf dem Riffdach, das auf 8–10 Meter liegt, gibt es als Besonderheit Schaukelfische zu sehen. Die große Vielfalt an Fischen sorgt für erlebnisreiche Tauchgänge.

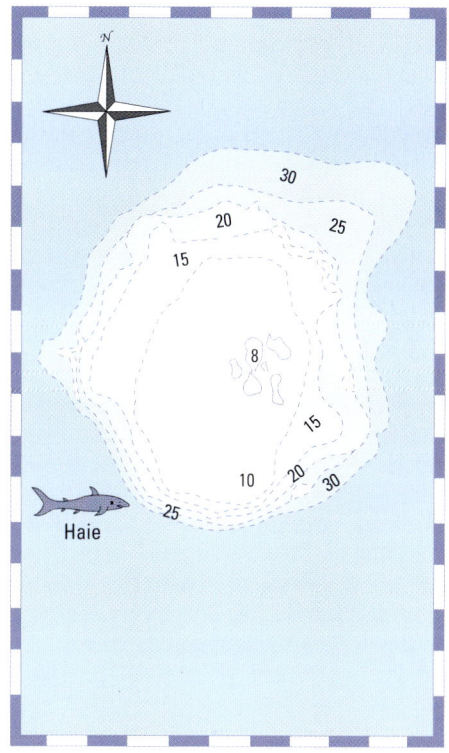

58. Angaga Thila (Karte rechts)

Das der Insel Angaga vorgelagerte Thila ist etwa 45 Minuten von Vilamendhoo entfernt. Bekannt ist es für seine Haibegegnungen. Während Weißspitzen-Riffhaie bei jedem Tauchgang anzutreffen sind, lassen sich Grauhaie bei nur 3 von 10 Tauchgängen sichten. Auch Stachelrochen und Schildkröten geben ihr Stelldichein. Das Riffdach liegt auf 8 Meter und ist für Anfänger nur bedingt zum Tauchen geeignet. Der Riffabhang fällt allseits auf 30 Meter ab und ist durch zahlreiche Überhänge gekennzeichnet. Schwarze Korallen wechseln mit Fächerkorallen, Geweihkorallen oder Lederkorallen. In den Überhängen finden sich überall Kelchkorallen, die in der Dunkelheit ihre gelben Polypententakel hervorstrecken, um Plankton zu filtrieren. Soldaten- und Fledermausfische, Füsiliere und Wimpelfische sind zu beobachten. Muränen haben ihren Unterschlupf im Riff. Neben den größeren Fischen gibt es viele Motive im Makrobereich. Das Riffdach ist vor allem von kleinen Scheibenanemonen überwachsen. Bei geeigneter Strömung ist das Thila mehrmals zu umrunden. Bei guter Sicht ist es ein sehr schöner Tauchplatz.

59. Madivaru
Dieser Tauchplatz ist unter TaucherInnen als Manta-Platz bekannt. Von Dezember bis April sind die eleganten Schwimmer hier regelmäßig anzutreffen. Das Riff liegt zwischen der Touristeninsel Rangali und der unbewohnten Insel Hukurudhoo am Außenriff. Getaucht wird auf der Nordseite. Die Anfahrtszeiten sind sehr verschieden: Von Rangali aus ist das Riff nur wenige Bootsminuten entfernt. Kommt man aber aus dem Nord-Ari-Atoll, kann die Fahrtdauer mehrere Stunden betragen. Das Riffdach befindet sich in etwa 10 Meter Tiefe und ist mit einer großen Zahl an Kanälen durchzogen. Verschiedene Arten von Steinkorallen, Schwämme und einige wenige Weichkorallen wachsen auf dem Riffdach. Papageifische, Drückerfische, Doktorfische etc. sind in großer Zahl auf Nahrungssuche hier anzutreffen. Zwischen den einzelnen Korallenästen der Steinkorallen tummeln sich viele verschiedene Kleinfischarten. Der Riffabhang fällt steil auf etwa 35 Meter ab. Hier sind oft Napoleonfische, Schildkröten, Haie oder Thunfische anzutreffen. In ca. 20 Meter beginnen große Überhänge, die sehr schön bewachsen sind. Doch die Attraktion sind die Mantas, die hierher zum Fressen kommen und um sich putzen zu lassen. Auf dem Riffdach liegen einige große Korallenblöcke, die vermutlich die Putzerstation darstellen. Es ist ein beeindruckendes Schauspiel, wenn die Riesen elegant und scheinbar mühelos gegen die Strömung an einem vorübergleiten. Vergessen Sie aber nicht, dass es außer Mantas auch noch andere Lebewesen gibt, die nicht aufgrund schlechter Tarierung oder Hinknien sowie Festhalten beschädigt werden sollten. Durch die Lage am Außenriff muss mit starker Strömung gerechnet werden. Daher ist der Tauchplatz nur für erfahrene TaucherInnen, nicht aber für Anfänger geeignet.

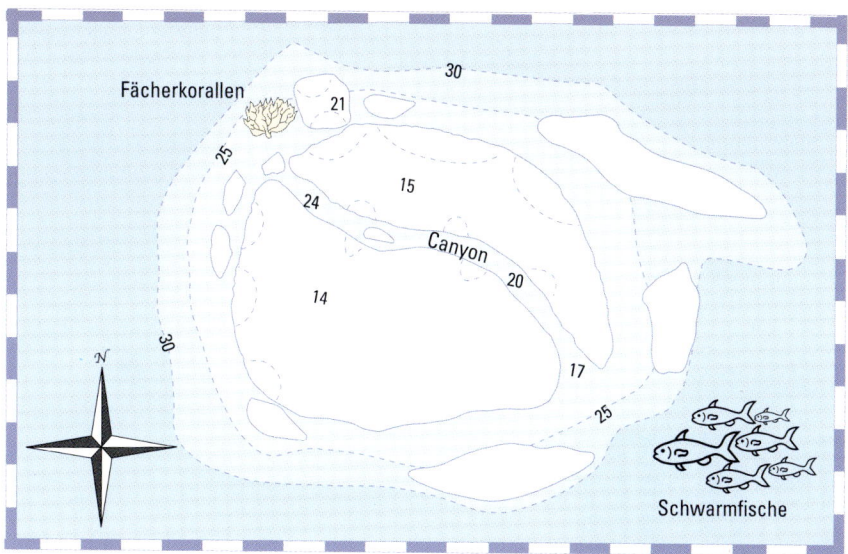

60. Broken Rock

Dieser bekannte Spot liegt 35 Minuten von Machchafushi entfernt im Kanal zwischen Dhigurah und Dhagethi. Beeindruckend ist der wunderschöne Weichkorallenbewuchs. Das Riffdach befindet sich auf 12 Meter. Auf der Nordseite des Thilas, dass durch einen Canyon in zwei große Teile getrennt wird, liegen einige große Korallenblöcke in einer Tiefe von 24–30 Meter. Der Canyon erstreckt sich von West nach Ost und kann in einer Tiefe von 18 Meter durchtaucht werden. Das sollte aber mit großer Vorsicht geschehen, da man leicht den Korallenbewuchs beschädigen kann. Die Südwestseite fällt weniger steil ab als die Nordostseite und ist abwechslungsreich von Korallen, Schwämmen und vielen anderen Tieren besiedelt. Man kann Schildkröten und Napoleonen begegnen, die Fischvielfalt ist ebenfalls groß. Es ist ein wirklich faszinierendes Erlebnis, an diesem Platz getaucht zu haben. Für Anfänger aber ist der Platz weniger geeignet.

Der gelbe Pinzettenfisch ist von der Ostküste Afrikas bis zur Westküste Amerikas anzutreffen.

Ein Einsiedlerkrebs auf der nächtlichen Nahrungssuche.

Das Heck der »MV Kudbimaa«.

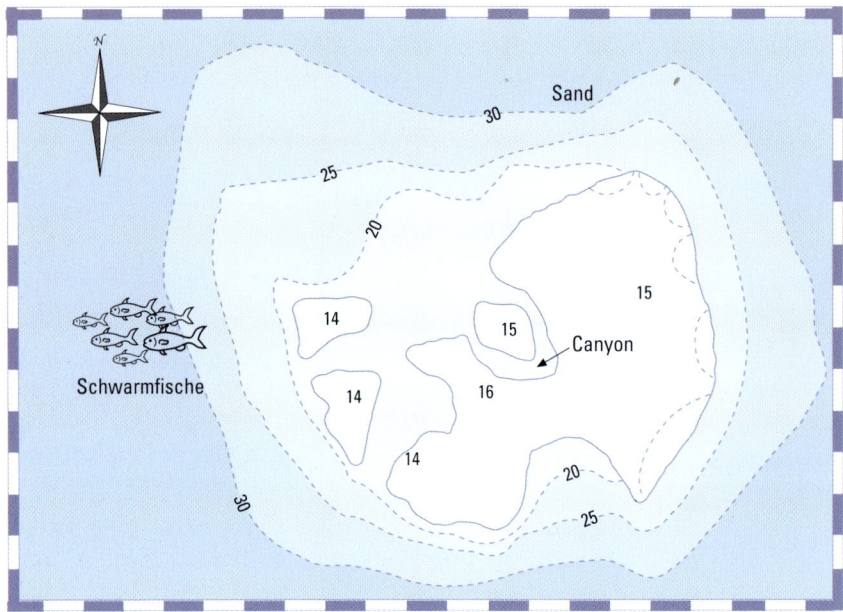

61. Kudarah Thila

Die Anfahrtsdauer von Angaga beträgt 60 Minuten, von Machchafushi hingegen nur 25 Minuten. Das Riffdach ist mit 14 Meter relativ tief und ist daher für Anfänger nur bedingt geeignet. Der Riffabhang läuft zunächst in 25 Meter in eine Sandfläche aus, um anschließend in noch größere Tiefe abzugleiten. Das Riff präsentiert sich in allen Farben: Weichkorallen in den unterschiedlichsten Tönen, bläulich schimmernde Gorgonien wachsen an den Überhängen, Peitschenkorallen und schwarze Korallen sind keine Seltenheit. Alles in allem eine traumhafte Vielfalt. Bekannt ist der Tauchplatz, der seit 1993 unter Naturschutz steht, für seine Schule Blaustreifenschnapper. Schätzungsweise 6000 Tiere bevölkern des Riff an den unterschiedlichsten Stellen. Neben einem Schwarm von Fledermausfischen zeichnet sich das Riff durch eine Vielzahl weiterer Fischschwärme aus. An der Nord- und Südseite bildet das Riff zwei riesige Überhänge, die bequem durchtaucht werden können. Diese sowie die Tiervielfalt machen das Riff zu einem unbeschreiblichen Erlebnis. Man kann das Riff bei geeigneter Strömung mehrmals umrunden. Aufgrund der Tiefe muss auf die Nullzeit geachtet werden. Zu Recht ist das Thila im Süd-Ari-Atoll eines der schönsten.

62. Machchafushi-Wrack

Im März 1999 wurde die MV »Kudhimaa«, ein 52 Meter langer Stahlfrachter, vor der Südwestseite der Insel Machchafushi versenkt. Sie ist heute das größte künstliche Wrack der Malediven. Die »Kudhimaa« liegt in 30 Meter Tiefe beinahe aufrecht auf dem Sandboden. Die Mastspitze befindet sich in 12 Meter, die Brücke in 20 Meter und das Deck in 23 Meter. Schraube und Ruder stehen frei auf 30 Meter. Die Laderäume sind ebenso wie die Brücke problemlos zu betauchen. Die »Kudhimaa« ist ein attraktiver Tauchplatz für Wrackliebhaber. Am Wrack sind inzwischen viele junge Steinkorallen sichtbar – ein gutes Zeichen dafür, dass sich die Korallenwelt auf den Malediven zwar langsam, aber stetig wieder erholt. Auch viele Fische sind seit der Versenkung am Wrack beheimatet, und es ist Siedlungsraum für Schwämme, Korallen, Schnecken und andere bodenlebende Tiere geworden.

63. Dhagethi Meddu Thila

Das 50 Meter lange und 25 Meter breite Riff liegt nördlich der Insel Dhagethi. Während es an der Nord- und Südseite steil abfällt, sind die beiden anderen Seiten mit Tiefen zwischen 25 und 30 Meter eher als flach zu bezeichnen. Die Unterwasserlandschaft zeichnet sich durch schöne Weichkorallen aus. Auf den Sandflächen in der Tiefe kann man Röhrenaale beobachten. Überhänge zergliedern das Riff. Das Dach befindet sich in einer Tiefe von 3–5 Meter, so dass bequem am Riff ausgetaucht werden kann. Bei starker Strömung ist man gezwungen, entweder an manchen Stellen gegen die Strömung anzutauchen, um rund um das Thila zu kommen, oder aber sich im Strömungsschatten aufzuhalten, um hier in aller Ruhe den Anblick des schönen Korallenbewuchses und der Fische zu geniessen.

64. Vilamendhoo-Hausriff

Das Hausriff lässt sich nur entlang der Nord- und Südseite der 900 Meter langen Insel betauchen. Die sich nach Osten und Westen anschließende Lagune verhindert ein Umrunden der Insel unter Wasser. Die beiden Seiten liegen in einem Kanal, und je nachdem, ob es sich um ein- oder auslaufendes Wasser handelt, kann man sich bequem entlang der abwechslungsreichen Abhänge tragen lassen. Um die Riffplatte zu schonen, müssen die festen Einstiege benutzt werden. An der Nordseite liegen diese im Bereich der Bungalows 112 und 62, entlang der Südseite am Bungalow 113 in Höhe der Tauchbasis und vis-a-vis der 28. Die Ausstiege sind unter Wasser mit Bojen im 5-, 10- und 20-Meter-Bereich gekennzeichnet. Die teilweise starke Strömung sorgt dafür, dass die Strecken, für die bei wenig Wasserbewegung 50 Minuten veranschlagt werden, in 20 Minuten abzufliegen sind. Unmittelbar zwischen der Tauchschule und dem Hauptbootssteg lässt sich in 21 Meter Tiefe die Wohnung eines riesigen Fangschreckenkrebs bewundern. Am Hauptsteg kreist eine große Schule von Blaufischen. Die Pilotbarsche werden regelmäßig von Touristen am Steg gefüttert. Unter den Booten der Tauchbasis patrouilliert eine Gruppe von Makrelen und zieht gemächlich Kreise um die Taucher. Die Riffwand, die bis auf 18 Meter Tiefe abfällt, bevor sie in einen schrägen Sandhang mit vereinzelten Korallenblöcken übergeht, bietet zahlreichen Oktopoden ein Zuhause. Entlang der Nordseite lassen sich mit Beginn des einlaufenden planktonreichen Wassers gelegentlich Walhaie beobachten.

65. Vilamendhoo Thila

Zwischen Außenriffkante und der Ostspitze von Vilamendhoo erhebt sich dieses Thila bis auf eine Höhe von 8 Meter. Das relativ kahle Plateau zieht sich über eine 12- und 20-Meter-Stufe in Nordsüd-Richtung. Von der Insel trennt das Thila eine 38 Meter tiefe Sandsenke. Auf der flachen Riffplatte sind beim Austauchen große Anemonenfelder und eine Schule Roter Schnapper zu beobachten. Eine Fledermausfischschule mit ca. 150 Tieren hält sich je nach ein- oder auslaufendem Wasser in der Mitte der Ost- oder Westseite auf. Adlerrochen, Weißspitzen-Riffhaie, Grauhaie und gelegentlich Barrakudas finden sich an der Nordost- beziehungsweise an der Nordwest-Ecke in ca. 30 Meter. Entlang der Ostseite finden sich in 25 Meter Tiefe einige schöne Unterspülungen. Ihre Decken sind von farbenprächtigen Krustenanemonen bewachsen. Das absolute Highlight dieses Platzes ist aber die hohe Wahrscheinlichkeit, hier auf Mantas oder Walhaie zu treffen. Die Nomaden des Ozeans lassen sich hier nur in den Sommermonaten bewundern.

66. Hiti Kandu Thila

Der Jack Fish Channel liegt 30 Minuten von Vilamendhoo entfernt im Kanal zwischen den Inseln Huravalhi Falhu und Hithi Falhu. Es ist ein lang gezogenes Thila, das sich in Westost-Richtung erstreckt. Die Nordseite fällt auf 40 Meter, die Südseite auf 35 Meter ab. Das Riff ist durch zahlreiche Überhänge charakterisiert. Es gibt jede Menge *Tubastrea*-Korallen, blaue Geweihschwämme sowie Leder- bzw. Geweihkorallen. Das geübte Auge kann Nacktschnecken, Strudelwürmer, verschiedenste Arten von Seescheiden usw. entdecken. Neben einem standorttreuen Napoleon ist das Riff für seine Stachelmakrelen bekannt. Aber auch einige kapitale Barrakudas sind hier zu Hause. Bei Einwärtsströmung sind hier zur richtigen Jahreszeit Mantas zu sehen. Fahnenbarsche bevölkern in großer Zahl das Riff. Das Riffdach liegt auf 12 Meter, und man muss im freien Wasser austauchen.

67. Atavaru Thila

Das mittelgroße Riff liegt nördlich der Einheimischeninsel Hagnamedu. Die Fahrzeit beträgt von Ellaidhoo zwischen 50 und 70 Minuten. Es besticht durch seinen intakten Korallenbewuchs und die Vielfalt an Korallenarten. Sein Dach liegt mit durchschnittlich 4 Meter relativ flach. Auf dem Riffdach beeindrucken einige große Blöcke von Gehirnkorallen, die einer Vielzahl von Organismen Behausung und

Schutz gewähren. Bei geringer Strömung ist das Riff rundherum zu betauchen. Der Riffabhang ist nicht besonders steil, und auf der Nordseite wachsen vor allem grüne Dörnchenkorallen. Sie werden auch Stempelkorallen genannt, da sie den Tauchanzug bei versehentlicher Berührung intensiv grünbraun färben. An der Nordostseite fällt die terrassenartige Struktur des Riffabhangs ins Auge. Etwa alle 10 Meter beginnt eine neue Stufe. Hier wachsen Schwarze Korallen und Fächerkorallen. Überall finden sich kleinere und größere Korallenblöcke, die einen eigen Lebensraum bieten. Mit eine bisschen Glück lassen sich sehr große Nacktschnecken, Strudelwürmer, kleine Krebstiere und andere »Kleinigkeiten« entdecken, die dem ungeübten Auge nur selten auffallen. Taucht man weiter auf die Südseite des Thilas, fällt die Sandarena auf. Es handelt sich um eine riesige Sanddüne, die in etwa 20 Meter Tiefe liegt. Der Riffabhang ist auf der Südseite etwas steiler als auf der Nordseite und unterscheidet sich im Korallenbewuchs. Bergkorallen, Geweihkorallen, Feuerkorallen und noch viele andere Arten besiedeln den Riffabhang. Riffbarsche, Füsilierschwärme, Buckelschnapper und Straßenkehrer bevölkern das Riff. Besonders schön ist der Weichkorallenbewuchs an der Ostspitze im 5–15-Meter-Bereich. Insgesamt ist das Atavaru Thila ein Riff, das die weite Anfahrt lohnt, da es noch weitgehend unberührt ist und dem Massentauchtourismus noch nicht zum Opfer gefallen ist.

Einsame Strände lassen sich noch auf den meisten Inseln finden.

Nützliches von A–Z

Anreise

Die LTU fliegt von Berlin, Düsseldorf, Hamburg, Frankfurt und München direkt nach Male. Der Ferienflieger befördert zusätzlich 1 Sportgepäckstück bis zu 30 kg ohne Aufpreis. Die Flugzeit von Europa auf die Malediven beträgt etwa 10 Stunden. Der einzige internationale Flughafen der Malediven ist auf der Insel Hulule, die nur wenige Kilometer von der Hauptstadt Male entfernt liegt. Regelmäßig verkehren Dhonis zwischen beiden Inseln. Der Transfer vom Flughafen zu den Touristeninseln erfolgt auf kürzeren Strecken mit Speedbooten oder auf längeren Strecken mit Air-Taxis (Wasserflugzeugen). Bei der Ausreise wird eine allgemeine Gebühr von 10 US$ verlangt, sofern diese nicht durch den Reiseveranstalter bereits bezahlt wurde.

Ärztliche Versorgung

Neben einem einheimischen Krankenhaus gibt es in Male einige private Kliniken, die annähernd dem europäischen Standard entsprechen. In der Hauptstadt gibt es Zahnärzte und Apotheken, während auf den Inseln teilweise nur Einrichtungen zur Notversorgung vorhanden sind. Auf Bandos und Kuramathi gibt es je eine kleine Klinik, die Patienten stationär aufnehmen kann. Hier ist eine Behandlung aller allgemeinmedizinischen Probleme möglich, und es gibt eine gut sortierte Apotheke. Da die Krankenkassen für die entstehenden Kosten nicht aufkommen, sollte eine Auslandsreisekrankenversicherung abgeschlossen werden.

Botschaften

Generalkonsulat in Deutschland
Mr. Gottfried Mücke
Honorarkonsul der Malediven in Deutschland
Immanuel-Kant-Straße 16
D-61350 Bad Homburg V.d.H.
Tel. (priv.): +49-61 72-86 78 33 / Fax: +49-61 72-86 78 33

Botschaft der Bundesrepublik Deutschland in Sri Lanka
40, Alfred House Avenue, Colombo, Sri Lanka
Tel.: 58 04 31-34

Botschaft der Republik Österreich in Sri Lanka
424 Union Place, Colombo 2, Sri Lanka
Tel.: 01-9 16 13

Botschaft der Schweizerischen Eidgenossenschaft in Sri Lanka
63 Gregory's Road, Colombo 7, Sri Lanka
Tel. 01-69 51 17

Druckkammern
Die beiden Druckkammern auf den Malediven stehen auf Bandos und in Kura-
mathi. Beide werden von einem Team von internationalen Taucherärzten betreut.
Neben tauchmedizinischen Problemen können hier auch allgemeinmedizinische
Krankheiten stationär versorgt werden. Da die Kosten einer Druckkammerbe-
handlung nur selten durch eine Krankenkasse übernommen werden, sollte eine
Mitgliedschaft bei DAN oder dem VDST abgeschlossen werden.

Bandos:
Tel.: +9 60 44 00 88 / Fax.: +9 60 44 38 77

Kuramathi:
Tel.: +9 60 77 34 85 / Fax.: +9 60 45 05 56

Essen und Trinken
Die Küche für Touristen ist international. Bis auf wenige Ausnahmen (Fisch,
Kokosnuss) müssen alle Lebensmittel und Getränke importiert werden. So kann
es z.B. bei längeren Schlechtwetterperioden zu Versorgungsengpässen kommen,
was dazu führen kann, dass die Abwechslung nicht mehr so groß ist. Zu hohe
Ansprüche an die Küche sollte man aber nicht stellen. Fisch wird jeden Tag in
verschiedenen Variationen angeboten. Eine der Landesspezialitäten, Fischcurry
(Fischstückchen in einer scharf gewürzten Soße, dazu Reis mit Kokosraspeln und
Gemüse) sollte man sich nicht entgehen lassen. Die Qualität des Essens hängt
vom Standard der Insel und vom jeweiligen Koch ab und ist somit von Insel zu
Insel sehr verschieden. Alkoholische Getränke sind auf allen Touristeninseln er-
hältlich. Leitungswasser bitte nicht trinken.

Einreisebestimmungen
Für die Einreise benötigen deutsche Staatsbürger einen noch 6 Monate gültigen
Reisepass. Bei einer Aufenthaltsdauer von bis zu 30 Tagen wird automatisch ein
Visum ausgestellt. Bei einem Aufenthalt von mehr als 30 Tagen muss das Visum
verlängert werden. Die Verlängerung des Visums ist mit Kosten verbunden und
sollte entweder schon vom Heimatort aus organisiert werden oder aber sofort
nach der Ankunft auf den Malediven. 4 Passbilder werden benötigt. Es ist streng
verboten, Alkohol, Schweinefleisch, pornografische Schriften, Rauschgift oder
Harpunen einzuführen.

Der LTU-Ferienflieger.

Auch ohne aufwendige Ausrüstung lassen sich gute Aufnahmen machen.

Zwischen Himmel und Meer die Insel Vilamendhoo.

Die Taxi-Dhonis verkehren zwischen dem Flughafen und Male in regelmäßigen Abständen.

Fotografieren

Die Malediven sind sowohl über wie unter Wasser ein Paradies für jeden Fotografen. Um böse Überraschungen beim Fotografieren zu vermeiden, sollten Sie mit Ihrer Planung über die Urlaubserinnerungen bereits daheim beginnen. Da Filme und Kamerabatterien vor Ort sehr teuer sind, sollten Sie diese in ausreichender Zahl mitbringen. Die Fotoausrüstung muss in jedem Fall in dichten Koffern oder Taschen zum Schutz gegen den feinen Sand transportiert werden. Ebenfalls gehören Reinigungsmittel wie Pinsel und Tücher zur Ausrüstung. Aufgrund der hohen Luftfeuchtigkeit und der niedrigeren Temperatur im Flugzeug beschlägt die Ausrüstung. Um Schäden an der Elektronik zu vermeiden, sollte die Ausrüstung sich zunächst einige Stunden akklimatisieren. Das gleiche Problem ergibt sich, wenn die Ausrüstung im »tiefgekühlten« Hotelzimmer aufbewahrt wird. Ein kühle Lagerung des Filmmaterials empfiehlt sich dennoch, damit die Qualität des Materials nicht leidet. Auf den Malediven darf außer dem Präsidentenpalast alles fotografiert werden. Trotzdem ist es angebracht, die Menschen zu fragen oder sie darauf aufmerksam zu machen, dass man sie fotografieren möchte. Leider ist es inzwischen auf einigen einheimischen Inseln zur Unsitte geworden, für ein Foto Geld zu verlangen. Die meisten Tauchbasen bieten inzwischen Leihkameras für Unterwasser an. Alle U/W-Fotografen und Filmer seien an dieser Stelle noch einmal erinnert, vielleicht auf das eine oder andere Unterwasserbild zugunsten der Unterwasserwelt zu verzichten.

Geld

Es gibt in Male mehrere Banken, die außer am Freitag (islamischer Feiertag) von 9 bis 13 Uhr geöffnet haben. Geldwechsel ist in Male in den Banken oder am Flughafen in Hulule möglich und teilweise auch auf den Touristeninseln. Geld in die Landeswährung umzutauschen ist nicht nötig, da auf den Touristeninseln sämtliche Nebenkosten (Getränke oder Souvenirs) mit Devisen bezahlt werden müssen. Rechnungen werden unterschrieben und am Ende des Aufenthaltes bezahlt. Wertsachen, Bargeld oder Schecks können auf den Touristeninseln in einem Schließfach deponiert werden, zu dem man meist jederzeit Zugang hat (am besten vor Ort nachfragen). Die Mitnahme von US$-Reiseschecks oder US$-Noten ist empfehlenswert. Die gängigen Kreditkarten (American Express, Visa, Eurocard) werden akzeptiert. Üblicherweise unterschreibt man anfallende Rechnungen und bezahlt am Ende des Urlaubs in US$ oder in Fremdwährung. Ausflugs- und Sportrechnungen laufen normalerweise über die Hotelrechnung. Ein wichtiger Hinweis: Euroschecks werden nicht akzeptiert. Die Ein- und Ausfuhr der maledivischen Landeswährung ist nicht gestattet. Die Währung der Malediven ist die Rufiyaa (Rf), als Noten zu 2, 5, 10, 20, 50 und 100 im Umlauf. 1 Rufiyaa sind 100 Laari (Münzen: 1, 2, 5, 10, 25, 50). Es ist ratsam, nur so viel Geld umzutauschen, wie man außerhalb der Touristenressorts benötigen wird. Der US$ wird überall akzeptiert. Die Hotels rechnen nur auf Dollarbasis ab.

Immer wieder ragen Gorgonien ins offene Wasser.

Impfungen

Impfungen bei der Einreise aus einem europäischen Land sind nicht erforderlich.
Bei Einreise aus Drittländern wird eine Gelbfieberimpfung verlangt. Unabhängig
hiervon sollten Sie sich einer Hepatitis-A(aktiv oder passiv)Impfung unterziehen.
Weiterhin ist zum Schutz vor so genannten Fäkalinfektionen eine Thyphoralpro-
phylaxe empfehlenswert. Zur termingerechten Durchführung dieser Impfungen
erkundigen Sie sich rechtzeitig vor Reisebeginn beim Gesundheitsamt oder Haus-
arzt. Sollte Sri Lanka auf dem Hin- oder Rückweg besucht werden, ist eine Malaria-
prophylaxe erforderlich.

Souvenirs

Die meisten Einkaufsmöglichkeiten gibt es in Male. In der Hauptstadt kann man
frisches Obst, Gemüse oder frischen Fisch kaufen. Es gibt mehrere große Super-
märkte, in denen fast alles für den täglichen Bedarf, wenn auch zu relativ hohen
Preisen, erworben werden kann. In den umliegenden Straßen reihen sich dutzende
von Souvenirshops aneinander. Auch auf den Touristeninseln gibt es so genannte
Inselshops, die Schmuck, Kleidung und Andenken verkaufen. Wer die Gelegen-
heit nutzt, einen Ausflug auf nahe gelegene Einheimischeninseln zu machen, wird
hier viele Artikel zu einem deutlich günstigeren Preis kaufen können. Am meisten werden Korallen- und Schildpattarbeiten, Muscheln, Tücher oder mit maledivischen Motiven bedruckte T-Shirts angeboten. Beim Kauf sollten die Zollbe-
stimmungen beachtet werden, denn viele Artikel wie Schwarze Korallen und
Schildpatt dürfen nicht ausgeführt werden. Auf manchen Inseln kann man hand-
gefertigte Dhoni-Modelle kaufen.

Strom

Die abgreifbare Spannung auf den Inseln beträgt 220 Volt.

Transfer

Der Transfer zu den verschiedenen Touristeninseln erfolgt entweder mit dem Speedboot oder dem Wasserflugzeug. Auch eine Kombination von Bootsfahrt und Flug
ist zu manchen Inseln erforderlich. Erkundigen Sie sich beim Reisebüro, welches
die für Ihre Insel passende Möglichkeit ist. Normalerweise erfolgt der Transfer
unmittelbar nach Ankunft am Flughafen. Trotzdem noch eine Bitte: Haben Sie
trotz eines langen Fluges (und vielleicht wenig Schlaf) Geduld, wenn Sie noch
etwas warten müssen, bis Sie auf Ihre Insel gebracht werden. Auf den Malediven
hat man Zeit, und das ist nicht »böse« gemeint. Manchmal kommen an einem Tag
auch zwei Flugzeuge von verschiedenen Fluggesellschaften an, und es bietet sich
an, einen gemeinsamen Transfer zu organisieren. Seien Sie versichert, sowohl die
Reiseveranstalter als auch die Reiseleitung vor Ort sind sehr bemüht, dass alles
zu Ihrer Zufriedenheit verläuft. Sollten Sie also mit Wartezeiten konfrontiert sein,

entspannen Sie sich, suchen Sie einen schattigen Platz auf, trinken Sie etwas (z.B. kühles Wasser) und freuen Sie sich, dass Ihr Urlaub bereits begonnen hat.

Trinkgelder

Die Malediver haben ein geringes Einkommen im Vergleich zu europäischen Verhältnissen. Deshalb sollte das Trinkgeld passend gewählt werden. Es ist praktisch, Ein-Dollar-Noten mit sich zu führen, um Dienstleistungen zu entlohnen. Ein Träger erwartet etwa 1 Dollar pro Gepäckstück, der Roomboy/Kellner pro Woche 5–10 Dollar, sofern seine Leistungen zu Ihrer Zufriedenheit ausfielen. In den Tauchschulen befindet sich meistens eine Kasse für die Kompressorbedienung, in die Sie Ihr Trinkgeld geben können.

Wasser

Die meisten Inseln verfügen über Entsalzungsanlagen. Trinkwasser wird gewonnen, indem Regenwasser gesammelt und abgekocht wird. Auf den Zimmern finden Sie meist eine Kanne mit Wasser, das man trinken kann oder zum Zähneputzen verwenden kann. Trinken Sie kein Leitungswasser.

Zeitzone

Auf den Malediven ist es gegenüber der MEZ 4 Stunden später als in Deutschland. Während der Sommerzeit (MESZ) besteht eine Zeitverschiebung von 3 Stunden. Auf manchen Inseln (z.B. Ellaidhoo) gibt zusätzlich noch eine »Inselzeit«, die meist 1 Stunde Differenz zur lokalen »Male-Zeit« aufweist.

Zoll

Es ist verboten, Alkohol, Schweinefleisch, Drogen, pornografische Artikel, Harpunen oder Unterwassergewehre einzuführen. Eingeführt werden dürfen 200 Zigaretten oder 50 Zigarren oder 250 Gramm Tabak. Zigaretten sind auf den Malediven teilweise billiger als in Deutschland. Nicht ausgeführt werden dürfen Schwarze Korallen und Schildpatt (Schildkrötenpanzer). Im neu umgebauten Flughafengebäude befindet sich der Duty-free-Shop im ersten Stock. Es gelten die üblichen Ausfuhrbestimmungen für Alkohol und Zigaretten.

Literatur

Meeresbiologische Literatur
BAUMEISTER, W.: Farbatlas Meeresfauna, Rotes Meer, Malediven, Niedere Tiere. Ulmer Verlag, Stuttgart, 1993

BÄRTELS, A.: Farbatlas Tropenpflanzen, Zier- und Nutzpflanzen, 3. überarbeitete und erweiterte Auflage, Ulmer Verlag, Stuttgart, 1993

de COUET, H.G., MOOSLEITNER, H., NAGLSCHMID, F.: Gefährliche Meerestiere, Jahr Verlag, Hamburg. 1981

DEBELIUS, H.: Fischführer Indischer Ozean, IKAN-UW Archiv, Frankfurt, 1993

EICHLER, D.: Tropische Meerestiere. BLV 2. überarb. Auflage, München, Wien, Zürich, 1993

EICHLER, D. & LIESKE, E.: Korallenfische Indischer Ozean, Jahr Verlag, Hamburg, 1994

GÖTHEL, H.: Unterwasserführer Malediven Niedere Tiere, Bielefeld: Delius Klasing; Stuttgart: Ed. Naglschmid 1995.

MEBS, D.: Gifte im Riff Wiss. Verl.-Ges., Stuttgart 1989

MOJETTA, A.: Korallenriffe, Tauchführer, Jahr Verlag, Hamburg, 1995

NAHKE, P., WIRTZ, P.: Unterwasserführer Malediven, Fische. 2. Auflage. Stuttgart, Naglschmid Verlag 1992

SCHUMACHER, H.: Korallenriffe, BLV, 4. Auflage, München, Wien, Zürich, 1991

Tauchliteratur
SCHEYER, W: Orientierungstauchen - Nachttauchen - Strömungstauchen - Wracktauchen. Tauchsportbrevets und Spezialkurse, Band 1, Delius Klasing/ Edition Naglschmid, Bielefeld und Stuttgart 2002

Danksagung

In diesem Zusammenhang möchten wir uns bei Werner Lau und seinem Tauch-team für die zahlreichen Ratschläge und Extratörns sowie die fachkundige Bera-tung durch Sub Aqua bedanken. Des Weiteren bei der LTU und den Malediven-Air-Taxi für ihre fliegende Unterstützung.

Dipl.-Biol. Rosemarie Asang-Soergel
Dr. Holger Göbel

Weichkorallen so weit das Auge reicht.

Delius Klasing
EDITION NAGLSCHMID

Tauchreiseführer

Jeder Band Format 21 x 14,8 cm, kart.

Wofgang Pölzer
Tauchreiseführer Balearen
Mallorca, Menorca, Ibiza und
Formentera
Band 30, 112 S., 58 Farbfotos, 6 Karten
ISBN 3-89594-078-X

Falk Wieland
Tauchreiseführer Deutschland
Der Osten
Band 27, 212 S.,
221 Farbfotos, 10 Abb., 2 Karten
ISBN 3-89594-070-4

Titus Müller / Roland Ahl
Tauchreiseführer Deutschland
Der Süden
Band 28, 128 S., 75 Farbfotos,
27 Karten
ISBN 3-89594-075-5

H. J. Roggenbach / P. Sutter
Tauchreiseführer Kanarische Inseln
Band 25, 176 S., 75 Farbfotos,
10 Karten, 30 Grafiken
ISBN 3-89594-034-8

Wofgang Pölzer
Tauchreiseführer Kroatien
Band 26, 128 S., 64 Farbfotos,
4 Karten, 10 Abb.
ISBN 3-89594-069-0

Falk Wieland
Tauchreiseführer Ostseeinseln
Band 31, 160 S., 137 Farbfotos,
5 Karten, 11 Zeichnungen
ISBN 3-89594-079-8

Dr. M Bergbauer /
M. Kirschner / H. Göbel
Tauchreiseführer Rotes Meer –
Ägyptische Festlandsküste
Band 19, 180 S., 88 Farbfotos,
27 Karten
ISBN 3-89594-009-7

Herbert Frei
Tauchreiseführer Salzkammergut
Band 2, 176 S., 119 Farbfotos, 23 Abb.
ISBN 3-89594-012-7

M. Kirschner / H. Göbel /
Dr. M Bergbauer
Tauchreiseführer Sinai – Rotes Meer
Band 24, 160 S., 85 Farbfotos,
18 Karten
ISBN 3-89594-056-9

Holger Göbel / Ralf Bergemann
Tauchreiseführer Sudan
Band 29, 144 S., 69 Farbfotos,
35 farbige Karten
ISBN 3-89594-077-1

Erhältlich im Buch- und Fachhandel